中國學術思想

研究輯刊

十 六 編

林 慶 彰 主編

第 **12** 冊

許衡的倫理道德價值體系（下）

馬 行 誼 著

花木蘭文化出版社

國家圖書館出版品預行編目資料

許衡的倫理道德價值體系(下)／馬行誼 著 — 初版 — 新北市：
花木蘭文化出版社，2013〔民 102〕
目 4+160 面；19×26 公分
（中國學術思想研究輯刊 十六編；第 12 冊）
ISBN：978-986-322-137-1（精裝）
1.（元）許衡　2.學術思想　3.倫理學
030.8　　　　　　　　　　　　　　　　　102002266

ISBN-978-986-322-137-1

9 789863 221371

中國學術思想研究輯刊
十六編　第十二冊　　　　　　ISBN：978-986-322-137-1

許衡的倫理道德價值體系（上）

作　　者　馬行誼
主　　編　林慶彰
總 編 輯　杜潔祥
出　　版　花木蘭文化出版社
發 行 所　花木蘭文化出版社
發 行 人　高小娟
聯絡地址　235 新北市中和區中安街七二號十三樓
　　　　　電話：02-2923-1455 ／傳眞：02-2923-1452
網　　址　http://www.huamulan.tw 信箱 sut81518@gmail.com
印　　刷　普羅文化出版廣告事業
封面設計　劉開工作室
初　　版　2013 年 3 月
定　　價　十六編 25 冊（精裝）新台幣 42,000 元

許衡的倫理道德價值體系（下）

馬行誼　著

目

次

第五章　許衡倫理道德價值體系的建構
（一）——道德修養的功夫

　　儒家認為人群社會的安定祥和，奠基於某種層次分明的倫理秩序，倫理秩序一旦紊亂，就意味著國家社會將混亂不安，然倫理秩序的維持，則有賴每個組成分子對此倫理秩序的認同和踐履。儒家的道德修養工夫，就是因應這套倫理秩序的認同與踐履所產生的一系列工夫次第，而《大學》中明確提到的「格物」、「致知」、「誠意」、「正心」、「修身」、「齊家」、「治國」、「平天下」等八個條目，就是這個工夫次第的具體步驟。因此，有關道德修養之事，貫串於儒家「內聖外王」的整體事業之中，實有其至關重要的地位。

　　儒家論及道德修養之事，有兩個基本的前提：一是肯定人的本性是善的，或者是有為善的意願或傾向；一是強調天地之間確有某種與道德之事相應的原理或常道，可以作為人們立身處世的準則。前者肯定並強化道德修養之事的可能性；後者的宣示，則是將道德之事經由某種天人相應的倫理法則確認後，進一步與儒家「內聖外王」的理想相互結合。這兩個觀念，可以說是儒家道德修養工夫論的基本內涵，也是身為一個儒者應該終身信守的目標，是故，儒家道德修養工夫的內容，絕非僅止於某種學說或技能，而是每個儒者終身奉行不悖的指導原則，它是一種入世精神的展現，也是生命事業的限追求。儒者一旦視其為自身存在的價值，他們就以道德的修養激發生命的活力，潤飾自己生命的本質，也將道德修養工夫的實踐成果持續累積，期待建立一個「內聖外王」的理想境界，此乃師弟之間代代相傳，綿延不絕的信條。

　　然而，儒家的道德意識，不僅是出自於某種激烈的道德情感而已，而是

具有強烈的道德理性做後盾，然此道德理性的功能，將原本屬於學派或宗教式的主觀道德期許，融入了某些來自於客觀普遍原理的制約，以及人群團體中應用的實務績效，便形成了道德修養工夫的主要內涵。於是，從此由內到外的聯繫之中，儒者們深信個人道德的修養足以改變整個國家社會的內在本質，卻也時刻不忘來自於天意的啓示，或者是因應時勢變化現象的考慮。正因如此，儒者便能夠隨著時代的變化，迭有新創，卻又不失儒家本色，而成爲中國數千年來的主要學派。

就儒家而言，道德修養的工夫具有兩個層次：一是「內聖」，一種主觀的道德意識與實踐，它要求在修身過程中發揮「心」的主導作用，完成一連串道德修養工夫的要求；一是「外王」，乃客觀的道德意識和實踐，他要求從匯通「心」與「物」的精神中〔註1〕，將工夫的次第外擴至「齊家」、「治國」、「平天下」等「外王」的事業之中。然此兩者斷不可分，因爲儒家堅信「內聖」是「外王」的基礎，「外王」的理想與事業是「內聖」工夫的具體實現。道德修養工夫貫通兩者，講求自我修養的「內聖」固是道德修養工夫的目標，由自身擴及天下國家的「外王」事業，自然也是道德修養工夫的對象，由於儒家經世的熱情，「內聖」工夫的深化，發展到「外王」事業的完成，即是儒者經世致用的終極目標了。

兩宋理學家對道德修養工夫觀念的細緻化，與實踐時工夫次第的具體要求上，用力頗深，許多學者在發展出一套倫理道德的價值觀之後，即刻伴隨著道德修養功夫的訴求。原因無他，正是因爲儒家原本就具有強烈的入世期待，而此道德工夫的展現，就是具體地要求實現從修身到治國平天下的經世理想。這種學術發展的現象，成因頗多，除了來自於釋、道兩家在思維模式上的刺激與反省外，儒家原本從「自然觀」到「心性論」的連接，與夫「格致論」到「知行觀」兩者的呼應，都是理學家著意繼承，乃至積極建構的一套倫理道德價值體系的主要養分。但每個理學家的體會不同，時代環境的影

〔註1〕 唐君毅曾說：「一切人類文化，皆是人心之求眞善美等精神的表現，或爲人之精神的創造。」此「精神」乃「心靈依其目的，以主宰支配其自己之自然生命、物質的身體，並與其他自然環境、社會環境發生感應關係者。」人之精神活動，與客觀外物互相感應的過程，不免覺受到限制和束縛，但人恆能於限制束縛中，爭取精神之自由，不陷溺其中，「所以精神之概念，乃一統攝心與心外之物，主觀與客觀，自由與阻礙等之綜合概念。」（《心物與人生》，台北：台灣學生書局，1989年），我們認爲唐氏所稱統攝心與外物的精神，正是儒家要求「內聖外王」理想具體實現的基本條件。

響不一，發展出的價值體系也不盡相同，因而在「內聖」與「外王」理想的偏重有別，有關道德修養工夫的內涵也隨之改變。本文前述各章已將許衡在「自然觀」、「心性論」、「格致論」、「知行觀」的連接與呼應，做一概略的評述，許衡以之建構的倫理道德價值體系，便呼之欲出了。然此價值體系的內涵，無論其在「內聖」與「外王」的偏向為何，均須以道德修養工夫為先，做為貫串兩者的基礎觀念，所以我們如果試圖掌握許衡的倫理道德價值體系，就必須先了解許衡在道德修養工夫上的立場。

　　然而，我們想要特別強調的是，有關許衡道德修養工夫的思想，多是來自於繼承先儒之說，這在本文第三章「從自然觀到心性論」，以及第四章「從格致論到知行觀」兩個部分，都有概略性的闡釋，而此兩者歸結出來的結論，就是許衡道德修養工夫的主要內涵，本文對許衡道德修養工夫的理解，也是順著這兩條思考路徑形成的一套道德實踐規範。此外，做為倫理道德價值體系的基礎，許衡道德修養工夫的相關理論，在整個體系中的「內聖」與「外王」兩個大範疇，展現了其舉足輕重的關鍵地位。這是因為，道德修養工夫的內涵不僅是「內聖」的基礎，也是擴及「外王」時的主導力量，落實在許衡的歷史表現上看，他在道德修養工夫上的體會，直接影響了他在政治思想與實踐，與教化志業上的立場。換句話說，許衡將道德修養上的體會，直接應用到政治的論述和實踐之上，而且表現在教化的工作上，他也是把道德修養的心得，用來教育弟子，樹立典範的。我們認為，為許衡定位道德修養工夫的範疇意義和功能時，這個範疇的立論基礎，以及它在許衡倫理道德價值體系中的地位，和其他範疇的互動關係，都是我們應該要注意的部分。

　　本章首先討論道德修養的目標，接著指出許衡道德修養工夫的內涵，其次則以此修養工夫的內涵，說明許衡如何形成他的一套處世哲學。許衡建立其道德修養工夫的次第，絕非憑空而起，或者是重彈宋儒老調，他必須先行設定道德修養的目標，才能以之為基礎，展開道德修養的工夫次第。換句話說，許衡對道德修養之事的體會，乃源自於消化宋儒在「自然觀」、「心性論」、「格致論」、「知行觀」等方面的成績，再加以綜合，藉以形成其道德修養工夫與實踐的內涵。一旦了解許衡道德修養的目標之後，我們就可以正式探討他在道德修養工夫上的見解了。

　　有關道德修養工夫的內涵，許衡多是透過經典的詮釋上闡發的，諸如《大學直解》、《大學要略》、《中庸直解》等書均是，因此，如果我們以這些經典

的主要概念，諸如「正心」、「持敬」、「愼獨」、「中庸」等觀念爲綱，並觀察其在「眞知力行」上的訴求，應該可以迅速掌握許衡道德修養工夫的精蘊。儒家所倡導的倫理道德之事，原本就在於維繫社會倫理的和諧，他們相信透過自我修養工夫的完善，擴及社會國家的層面上，也是能夠獲得相同的效果。許衡在政治思想與教化的事業上，對元廷貢獻頗多，也對後世影響深遠，因此，我們有理由相信許衡雖在道德修養工夫的相關理論，建樹不多，但他已然自成體系，而且將這些道德修養工夫轉化成處世的原則，及政治與教育實務的基礎理念上。是故，許衡道德修養工夫的內涵，之所以能成爲許衡倫理道德價值體系的重要基礎成分，也肇因於此。前文曾說許衡不但將道德修養工夫做爲「獨善其身」的法門，也用於「兼善天下」的理想，所以，許衡將這些道德修養工夫轉化成某些處世的原則，也成爲實踐於政治與教育事務上的重要依據。

第一節　道德修養的目標

許衡有關道德修養工夫的意見，是順著儒家「內聖外王」的思維模式，逐步建構而成的，因此，對許衡而言，道德修養的工夫，不僅是一套學理，也是實踐的法則；他一面強調「獨善其身」，更著意於「兼善天下」，這是我們在試圖掌握許衡道德修養工夫的思想時，應該具備的基本認識。既然如此，依照儒家「內聖外王」的終極理想，衡諸道德修養的意義，似乎不能僅是停留在個人內在道德理性的啓發，應該更強調與社會倫理脈絡接軌，才能發揮其修身乃至治國平天下的功能。如果道德修養的範圍如此廣袤，道德修養的工夫應該被設定在何種意義之下？道德修養所追求的目標是什麼呢？

所謂道德修養的目標，其實是一種價值判斷的用語，儒家多以倫理道德爲依準，所以就是一種倫理道德的價值判斷，道德修養目標的確立，就是賦予道德思想與實踐某種價值的標準，以及決定道德修養工夫所努力的方向。我們認爲，許衡有關道德修養目標的看法，就是其倫理道德的價值觀的標準，這個價值觀將主導著整個「內聖外王」理想的實現，以及個人倫理道德價值體系的完成。然而，我們必須特別強調的是，許衡對道德修養工夫的相關看法，並非憑空而來，乃是透過繼承先儒從「自然觀」到「心性論」，以及從「格致論」到「知行觀」的兩個思維方向而來，落實到道德修養目標的論述上，我們便可歸納出許衡在此兩個思維方向的討論成果。

　　因此，本節將順著本文第三章、第四章的討論路徑，爲許衡道德修養的目標，規劃出「上應天理」、「爲善去惡」、「知行一致」三個範疇。這三個範疇，乃因循本文前已論及的兩條思維路線，更重要的，此已將儒家「內聖外王」的理想，做一全面性的呈現，如此一來，本章以下各節也可遵照這樣的論述模式，將許衡的道德修養工夫的眞意，做一如實的闡釋。

一、上應天理

　　先秦儒家本有「天人合一」的觀點，特別強調天與人的密切聯繫，直至兩宋儒家再興，理學家繼承《中庸》、《易傳》以來的傳統，以及來自於釋道學說的試煉，便將「自然觀」的內涵，做一精緻化的完整建構，於是諸如「理」、「氣」二分；自然法則；義命分立；萬物生成變化等範疇，都成爲理學的重要論題。兩宋理學家雖然在「自然觀」的部分有所創見，但其眞正的用心，還是落在實際的人文關懷之上，關於這個部份的討論，本文第三章已詳加疏解，此處不再贅述。因此，理學中的「自然觀」就成爲安立人群社會中倫理道德價值的重要憑藉，理學家在理論的建構中，透過形下事物的綜合歸納，匯集成爲某種形上之理，做爲天地間萬事萬物遵循的惟一法則。而且他們更將人世間的倫理道德價值溯源於某種形上之「天理」，藉以喚醒人們「民胞物與」的全面關懷，並強調人之所以爲人，重在尋找其存在之價值，人生成於天地之間，應該奉行「天理」之本然，克盡倫理道德之應然，不僅成己，也須成物，由此生命的意義和價值才得以朗現。

　　然而，道德修養工夫與「天理」的關係爲何呢？前已明言兩宋理學家將「天理」規定爲事物所應共同遵循的形上之理，人既產於天地之間，怎能自外於「天理」呢？儒者一向認爲倫理秩序的穩固是國家社會長治久安的惟一保障，而此倫理秩序正是「天理」的具體表現，道德修養工夫原是爲促進倫理秩序井然而發的，因此儒家進而將道德修養工夫視爲某種追求「天理」的不二法門。兩宋儒學以來，程朱講「格物致知」，雖極言所窮者乃萬物之理，但因儒家本質乃關懷人倫日用之事，故仍強調窮究倫理道德之「理」爲儒者最重要的使命。從另一個角度觀察，道德修養工夫與實踐的過程本身，就是「天理」的具體實現，「天人合一」的確切義涵，就在此工夫之即知即行的體驗中發揮，我們可以這麼說，人從一套道德修養工夫中感知天理，而工夫的本身也是「天理」的表現，故確實進行此修養工夫，並落實於「內聖外王」

的事業之中，就緹一種積極企求上應天理，贊天地化育的做爲。

許衡繼承先儒遺緒，也將道德修養之事視爲儒者上應天理的表現，他說：「人能自戒懼而約之，以至於至靜之中，無所偏倚，則吾之心正，天地之心亦正。故三光全、寒暑平、山岳奠、河海青，而天地各安其所矣。」（《魯齋遺書》卷五，〈中庸直解〉）。人能主觀地進行道德修養工夫，即上求與天合一，可以贊天地之化育，這裡所說的「吾之心正，天地之心亦正」，並不是指某種神秘的力量，足以呼天喚地，改變天地萬物的現象，而是強調道德修養之因天理之本然，自覺地順應天地生成變化之道，無所違逆，故與天地爲徒，與萬物各安其所，互不侵奪，所以能達到「天地各安其所」的境界。

然而，許衡的道德修養工夫觀念雖從「天理」的本然上立論，但其最後的歸宿，仍然得回到人世間倫理秩序的實際問題上。所以他在解釋孟子「盡心知性知天」的意義上說：

> 盡其心者，知其性也，知其性則知天矣。在《大學》所謂物格知至也，是知到十分善處也，存其心、養其性，所以事天也。在《大學》所謂意誠心正是也。行分善處也，存謂操而不舍，養謂順而不害，事謂奉承而不違也，常存養其德性，而發爲惻隱、羞惡、是非、辭讓之情，不使少有私意變遷，夫如是乃所以事天也，或夭或壽，一聽天之所爲，不敢有二心，此則盡心知性之功，至修身以俟之，則事天以終身，此之謂立命也。（《魯齋遺書》卷二，〈語錄下〉）

所謂「存其心、養其性，所以事天也。」實際上就是指人透過某種道德理性的自覺，上應天道，繼而因天理之本然，自然抒發出「惻隱、羞惡、是非、辭讓」之情，並從道德修養工夫的堅持中，不使私慾影響天賦德性的內涵，方可做到「存心」、「養性」、「事天」的要求。此外，許衡又說：

> 五常性也，天命之性，性分中之所固有，君臣父子夫婦長幼朋友所行之道也，率性之道，職分之所當爲。（《魯齋遺書》卷一，〈語錄上〉）

上段引文更足以證明道德修養工夫的努力，主要還是將天賦的德性，施之於「君臣父子夫婦長幼朋友」等倫理關係之上。許衡甚至將這個努力，解讀成「率性之道，職分之所當爲。」的具體要求，他曾說：「萬物備吾身，身貧道未貧，觀時見物理，主敬得天眞。」（《魯齋遺書》卷十一，〈觀物〉），也是這種想法的再次印證。

　　上述許衡雖然強調道德修養工夫重在上應天理，但實際施於人事之中，在面對必然的客觀限制時，許衡還是特別著重主觀道德修養的積極意義，他說：

> 所以然者，是本原也；所當者，是末流也。所以然者是命也；所當然者是義也。每一事每一物須有所以然與所當。（《魯齋遺書》卷一，〈語錄上〉）

他要求人們要在現實環境中，分辨出哪些是屬於客觀的限制，哪些是主觀的倫理價值，並認定每一事物都存在著這兩個層面，人們欲建立其自身的倫理道德價值體系時，首先就得辨別這兩者的差異。人一旦分辨現實中「義命分立」的情況，更應積極地有所作為，而非屈服於客觀的限制之下，此處乃見儒家對人文精神價值的肯定。許衡舉四季著衣為例，說明義命兩者的關係：

> 人處富貴貧賤，如天之春夏秋冬，天行春夏，令人有春夏衣服，天行秋冬，令人準備秋冬衣服，冬裘夏葛即其義也。天有命，人有義，雖處貧賤富貴，各行乎當為之事，即義也。只有一個義字，都應對了，隨遇而安，便是樂天知命也。（《魯齋遺書》卷二，〈語錄下〉）

人面對天命的客觀限制，能做到「只有一個義字，都應對了，隨遇而安，便是樂天知命也。」就在強調人可以不受外在環境的限制所拘，逍遙自在，便是樂天知命。

　　「義命分立」的觀念，特別在面臨危難之時更具意義，所謂：

> 人於患難間，只有個處置放下，有天之所為，有人之所為。合處置者，在乎人之所為，以有義也；合放下者，在乎天之所為，以有天命也，先盡人之道義，內省不疚，然後放下，委之於命。（《魯齋遺書》卷二，〈語錄下〉）

有所為有所不為，全然為「義」衡之，更見其可貴之處。事實上，「義命分立」的觀念早見於先秦儒家之說，這個觀念本是儒家入世傾向下無可避免的價值判斷。但為何先秦至許衡，這樣的觀念仍然不斷地被提出、被強調呢？我們認為，當是與詮釋者的時代環境關係密切。許衡當元初之際，世衰道微，儒者但以興作事功為己務，仕隱進退，能否一以「道」為依歸，至關重要，許衡一生屢召屢辭，後世多有毀譽者之聲，若欲深求其本心，或許可以從此處窺知一二。另外，本文緒論曾提及，元初某些儒者重事功實務而忽略操守，俟後王文統等「聚斂之臣」多出於此，就是明證，此乃許衡、姚樞等深惡痛

極之流,然而這種歷史現象,或許也可以從儒家「義命分立」的立場所衍生的「義利之辨」,加以解釋。

此外,許衡道德修養工夫本在上應「天理」,而聖人所欲修養者,乃回歸天賦虛靈明覺本性,但命乃天所賦予,行義也是回歸天賦本性之舉,兩者皆出於天,許衡獨獨強調「義」的重要而刻意忽略「命」的束縛。我們納悶的是,為何兩者皆出於天而差異如此之大呢?事實上,許衡以「氣」說萬物的形下材質,乃至富貴夭壽賢愚福禍都是「氣」所造成,本文第三章已有討論。我們認為「義命分立」的提出,用意本不在強調天之所命的客觀限制,而是鼓勵人面對此限制自覺地堅持道義之所當為的可貴,這也是儒家發揚人文精神的特色。此外,如前所述,如果我們把許衡的義命之說還原到元初的亂世中,從觀察其進退仕隱,一依於道,無畏貧賤飢寒的歷史現象而言,或許更具有其深刻的意義。

二、為善去惡

涉及倫理道德的命題中,善惡常是需要先做澄清的一組概念,這是由於善惡的意義、內涵、以及其應用於人群社會所產生的影響,直接關乎道德修養工夫的努力方向,所以歷來的倫理學說,皆著重於闡發善惡兩者在倫理學上的明確定義,並以此設定倫理道德的價值目標,指出一系列可行的道德修養工夫。「為善去惡」當是人類在倫理道德修養上的共同目標,然而,由於人們對善惡的認識有別,積極地進行「為善去惡」的道德修養工夫時,所採取的策略也會因之有所差異。於是,在我們試圖了解某個思想家如何透過道德修養工夫,達到所謂「為善去惡」的目標,甚至藉此塑造出理想的大同世界時,或許先從他對善惡的看法,以及兩者的互動關係上探討,應該比較容易掌握其思想的核心。

儒家是先從「善」的肯定開始,進而指出「惡」的可能性,所以善惡並非對立的兩個概念,「惡」的存在乃因某種外在誘惑而導致本性之「善」的被蒙蔽所致,所以,道德修養工夫就在於克制「惡」的產生,發揚人性本善的部份,在社會倫理的實踐上,就是積極地做到「為善去惡」的要求。因此,儒家的道德修養工夫是從發揚本之善為目標,藉著某種修養工夫的砥礪,維持此善性不墮入外物的誘惑,惡便無產生的可能了。故先秦儒者特重闡發人性之本然,並以之對治外在可能導致為惡的誘惑,但,如何闡發人性之本然

呢？先秦儒家是從道德理性的自覺出發，進而衍生一系列的道德條目，而且也將維繫社會倫理秩序的禮樂儀文，賦予了道德的重要義涵。這種做法，是繼承周代發揚人文精神的特性，強調內在的道德理性是一切禮樂儀文的基礎、道德修養工夫與實踐的動力，自然也是「爲善去惡」的主要憑藉。較之對「惡」的理解，儒家顯然將「善」視爲更基礎、更具本源價值的概念，所以儒者始終堅持人性的光明面是自發的、不辯自明的，所謂的「惡」只是本然之善短暫的受到蒙蔽，一經涵養省察，即可恢本性純然至善的狀態。因此，儒者便將此「善」之本源價值意義，加以擴展，形成某種足以創造「天人合德」的契機，我們如果了解了這一點，便可以掌握儒家善惡觀念的精髓，當然也不難找出理學家思想脈絡的軌跡了。

　　兩宋理學勃興，隨著「自然觀」的不斷深化，乃促成道德理性與認知理性的進一步結合，內在的道德理性因而得以向上提昇，藉以尋覓出形而上的價值本源，天理與人性合一，終於造成從「自然觀」到「心性論」的思維模式，也從而建構了倫理道德價值的新體系，元初的許衡就是在這種思維模式的影響下，建立其學術思想的體系的。許衡說：「人稟天命之性爲明德本體，虛靈不昧，具眾理而應萬事，與堯舜神明爲一。但眾人多爲氣稟所拘，物欲所蔽，本性不得常存……無人獨處卻便放肆爲惡。」（《魯齋遺書》卷二，〈語錄下〉），這段話中所謂「存天理之本然，而不使之須臾離道，此所謂致中也，存養之事也。」就是順應由「自然觀」到「心性論」的思維模式，所理解的一套道德修養工夫次第，而其主要的目的仍是在保有本然之善，袪除因「氣稟所拘，物欲所蔽」的惡，故其對善惡的觀點，以及道德修養工夫的發展與歸結處，仍不脫先秦儒家本色。

　　可是，先秦儒家指點道德之事時是從日常生活的瑣事爲例，少見西方概念分析式的論辯，這種現象可從孔子慣從當下提點行仁之方、孟子論四端的舉例方式輕易察覺得到。是否兩宋儒者也是如此？這意味著儒家在道德修養工夫有何特性？善惡兩者的界定又是如何？我們認爲這兩個問題息息相關，而且是基於同一個前提所形成的思維結論。中國傳統的思想重實用，雖不如西方哲學以概念分析見長，但吾人多可從其在政治社會的詮釋進路中，發掘善惡這一組概念的明確意義，此乃中外思想的主要差異，也是中國傳統學術思想的特色之一。儒家思想不僅重實用，且基於其強烈的入世傾向，故早在先秦時期，有關善惡觀念的界定，就是從維護社會倫理秩序的觀念下逐漸形

成的。因此，儒家道德修養工夫不會只停留在某種自我的價值澄清，或只是純然主觀地道德意識而已，所以道德修養由內及外，從「內聖」而「外王」，交織成一脈前後相續，內外相融的體系。正因如此，有關善惡兩者的評定，雖是出之於內，受之於天者，但真正具有倫理道德的義涵，還是必須落入社會倫理秩序中見證，方見其真意。

許衡也繼承這個觀念，將儒家固有的道德修養工夫貫串於「內聖外王」的事業之中，他在詮釋《大學》時，就特別強調這樣的觀念：

> 自天子而下諸侯卿大夫，以至於庶民百姓，貴賤雖不同，一切都要把修身做根本。蓋身是天下國家的根本，有天下國家之責者，能修這身，則家可齊，國可治，而天下可平矣。《大學》之教最要緊還在修身上，所以說壹是皆以修身為本。（《魯齋遺書》卷四，〈大學直解〉）

許衡認為天下國家的長治久安，有賴組成份子對自身道德修養的要求，若從具體的道德條目上說，就是如：「孔子道修身在正心。這的是《大學》裏一個好法度，能正心便能修身，能修身便能齊家，能齊家便能治國，能治國便能平天下。那誠意格物致知都從這上頭做根腳來。」（《魯齋遺書》卷三，〈大學要略〉）。「正心」、「修身」、「齊家」、「治國」、「平天下」等，都是道德修養工夫的範疇，這套由內而外的工夫貫串著儒家「內聖外王」的理想，就是儒家道德修養工夫的特色。

基於這樣的前提，許衡認為必須透過教育的方法，將這套道德修養工夫全面展示出來，教導如何人們趨善避惡，成為維繫社會倫理秩序的一個積極力量，他說：

> 蓋人之良心，本無不善，由有生之後，氣稟所拘，物欲所蔽，私意妄作，始有不善。聖人設教，使養其良心之本善，去其私意之不善，其上者可以入聖，其次者可以為賢，又其次者不失為善人。（《魯齋遺書》卷三，〈小學大義〉）

「使養其良心之本善，去其私意之不善。」就是教導人們在教育的過程中堅持天賦道德理性，避免因私意而產生不善的可能，進而成為貢獻於政治社會的有效力量。儒家所謂的「聖人」、「賢人」、「善人」，並不只是某些服從於道德規範的人，或者是如道家所言的某些遵循形上原理的信徒，儒家聖賢的可貴，更有其博施濟眾、教化萬方的重要貢獻，他們指引著人們一條長治久安

的康莊大道，而其基本的出發點，便是從維繫社會倫理秩序做起，實際的工作則是人人體認為善去惡的重要意義。

三、知行一致

本文第四章論及許衡的「知行觀」時，便已一再強調，許衡在知行問題上的看法是承襲朱熹，即偏向「知先行後」的立場，但實際的運作上則更認同「知行並重」、「知行一致」的。許衡的知行觀點，固也如同朱子一般，參雜了從「格物致知」中引發的某些認知理性的成分，但其主要用心，仍然是希望藉由道德理性與認知理性的匯通，將天理的法則意義，不僅在論理觀念與知識的形成上位居主導作用，也在道德修養與實踐之際，仍然維持主宰的地位。於是，能知必能行，縱使兩者可能因認知意義的加入而有諸如先後、輕重、主從的考慮，卻無礙於彰顯知與行之間的密切關係，我們認為，這個想法的主要關鍵處就在於儒家一貫入世的態度，而且企圖建構倫理道德價值體系的強烈訴求。

許衡曾說「凡行之所以不力，只為知之不眞。果能眞知行之，安有不力者乎？」（《魯齋遺書》卷一，〈語錄上〉），此處他強調知行兩者的一致性，「眞知」與「力行」的關係十分密切。許衡所指的「眞知」乃是透過天理的掌握，自覺地興起「內聖外王」的抱負與憧憬，本文第四章已有辯明，此處不再贅述。許衡也以身作則，在追求儒家的最高境界時，強調「聖人之道，當眞知，當踐履，當求之於心，章句訓詁云乎哉！」（《魯齋遺書》卷二，〈語錄下〉），《元史》記載他早期求學過程，就已堅持「夜思晝誦，身體而力踐之，言動必揆諸義而後發。」（《元史》卷一五八，〈許衡傳〉）的學習態度，由此可見，許衡對「知行一致」觀念的重視。

但是，「知行一致」的觀念如何成為許衡道德修養工夫的目標呢？我們知道，儒家道德修養的工夫乃貫串於「內聖外王」理想之中，所以有關道德修養的內涵，絕非只停留於學術思想概念的分析，或是建立某個學派信條而已，它引導了儒者經由「內聖」的自我修養，發展到「外王」事業的全幅展現，因此十分重視實踐的意義。許衡曾說：「志伊尹之所志，學顏子之所學，出則有為，處則有守，丈夫當如此。出無所為，處無所守，所志所學將何為？」（《魯齋遺書》卷一，〈語錄上〉），有為有守，進而不失其節，退而不忘其守，「內聖」而「外王」，一以道為圭臬，正是許衡道德修養工夫的具體實現。

　　許衡在教化的工作上，也是堅持相同的理念，他認爲「學校廢壞，壞卻天下人才，及去做官，於世事人情，殊不知遠近，不知何者爲天理民彝，似此民何由嚮方？如何養得成風俗？」(《魯齋遺書》卷一，〈語錄上〉)，學校教育之所以失敗，就在於沒有強調道德修養上的知行一致，學生將所學只視爲一種知識，忽略了實踐的必要性，一旦爲官，追逐名利而寡廉鮮恥者多有之，所以他十分強調學校中道德的修養的重要性，並強調「知行一致」方可化民成俗，有益風教。他告訴學生任何的學習都應該以經典的內容作標準，經典提供一套道德修養的工夫，而非僅是某種知識的來源而已，所以吾人從經典中學習道德修養的工夫次第、方法之後，最重要的，還是實踐的部分，所以他說：

> 凡爲學之道必須一言一句自求己事，如六經語孟中，我所未能，當
> 勉而行之，或我所行不合於六經語孟中，便須改之，先務躬行，非
> 止誦書行文而已。(《魯齋遺書》卷一，〈語錄上〉)

這種說法，與他在教學上主張：「問諸生此章書義若推之自身、今日之事，有可用否？大凡欲其踐行不貴徒說也。」(《魯齋遺書》卷十三，〈通鑑〉)的基本立場是一致的，所以，他一直都是堅持道德修養工夫必須達到「知行一致」的目標，並且貫徹於日常的生活當中。

　　許衡提出一個比喻，是這樣子的：「人將好物綾錦段子，收歛入庫藏，若遇支出來的，卻是元收歛入去底好物，怎生支出陳穀爛麥來？在人學亦然。（《魯齋遺書》卷二，〈語錄下〉)，以道德修養工夫來說，所知與所行之間，必然存在著某種聯繫，如果所知不善，所行怎能爲善呢？因此知行兩者的一致性，就是許衡道德修養工夫的主要目標。許衡也將「知行一致」的看法，遷移到其他事物之上，其中有關禮的部分是這樣的：「禮豈可忽耶？制之於外以資其內，外面文理都有擺得，是一切整暇，心身安得不泰然？若無所見，如喫木札相似，卻是爲禮所窘束，知與行二者當並進。」(《魯齋遺書》卷二，〈語錄下〉)，一句「制之於外以資其內」，道盡儒家崇尚禮樂的眞精神。儒家對禮樂的尊重，並不在墨守外在的儀文制度，而是講求禮樂本身帶給人們倫理道德的體會，因此禮樂儀文可以隨時空改變而有新的內容，禮樂本身用以啓迪人心、教化萬民的內涵卻不能有任何改變。許衡強調「制之於外以資其內」，正是指出禮樂的重要價值，如果只是強調外在儀文的整肅，而內心無所呼應，自然覺得禮教殺人，但如能從禮樂中尋得與道德修養工夫一致的內涵，

兩者有所呼應，故自然樂於循禮，無入而不自得。就「內聖外王」過程而言，知禮而行禮，全然融入於道德修養的內涵之中，所以許衡念念於「知與行二者當並進」的信念，終生不曾稍有變異。

　　許衡有名的「治生」之說，似乎也是可以從「知行一致」的觀點下考察。許衡認爲：

> 學生治生最爲先務，苟生理不足，則於爲學之道有所妨，彼旁求妄進，及作官嗜利者，殆亦窘於生理之所致也。士君子當以務農爲主，商賈雖爲逐末，亦有可爲者，果處之不失義理，或以姑濟一時，亦無不可。若以教學與作官規圖生計，恐非古人之意也。（《魯齋遺書》卷十三，〈通鑑〉）

「治生」之說，雖然與當時知識份子顚沛流離的生活體驗有關，但我們認爲，許衡要強調的絕對不是一種干求利祿的態度，或者是旁求妄進的入仕之階。他所要指明的就是「倉稟足而知禮節，衣食足而後之榮辱」的觀念，無論從事任何職業，只要無礙於行道，不失義理之當行，無有不能行者，反觀如果因生理不足，旁求妄進，雖口誦孔孟之道，仍然不免做出倒行逆施的行爲。許衡「治生」之說，公然挑戰兩宋理學家「餓死事小，失節事大。」的基本立場，所以導致後世儒者的批評，平心而論，許衡顯然爲道德修養與實踐之事預設了某種彈性的空間，後世當然可以說這是許衡爲仕元之事找的下台階。然而，如果我們從道德修養工夫上看，在不違反道的要求下，免除因爲生理不足可能的限制，不是更具有積極的意義嗎？無論從事各行各業，均須以道爲依歸，不就是將道落實爲日用當行之理的最直接做法嗎？

第二節　道德修養的工夫

　　許衡討論道德修養工夫的方式，主要是透過經典的詮釋，配合時代環境的體會與實踐而成，因此，我們可以從許衡《中庸直解》、《大學直解》這兩本書中的相關闡釋，捕捉他對道德修養工夫的看法。然而，由於傳統注疏的體例，兩書並不是以系統的論述形式出現，許衡是順著《中庸》和《大學》的文本，逐一說明經文的意義，所以嘗試從許衡零散的詮釋文字中歸結出一條思想的脈絡，就成爲本文討論許衡道德修養工夫的必要手段。事實上，涉及道德修養理論的建立，並非僅是某些工夫次第的明確展示而已，其間所關聯到道德意識、價值本源、啓動道德實踐的關鍵要素，乃至全面指導修養工

夫的重要原則，都是我們不能忽略的重要內涵。否則，許衡的思想不過複述前人的學說，毫無獨立價值，這套道德修養的工夫也將難以成爲其因應時代變局的立身處世準則。

　　那麼，許衡是如何建立起道德修養的思維脈絡呢？我們認爲，他是先肯定「心」的意義和作用對道德修養的正面價值，進一步再提出「正心」的要求，無疑地，他相信「心」能夠溝通天賦的道德理性與人世間的倫理道德規範，因而完成「內聖外王」的理想境界。許衡認爲，如果「心」能正，不僅個人的道德修養得以發揮其意義，連帶著家、國、天下也都能因爲「正心」而各得其正，「內聖外王」的理想便得以實現，可見「正心」確有其重要的意義。但「正心」之後，吾人該如何在日常生活中落實此道德修養的觀念呢？此處許衡便提出了儒家道德實踐中最常強調的「敬」德。「敬」原本是祀神祭天的尊重態度，經由人文精神的轉化，逐漸轉爲道德實踐的準則，許衡繼承宋儒在這個理念的開發成果，進一步聯繫到道德修養工夫的內涵之中，便成爲要求自我「正心」後，落實於具體道德情境時的重要態度。許衡一再宣示，某種出自於專心一意、遠離物慾引誘的意志力，在實踐天賦道德理性時深具意義，道德修養的自律態度，也必須經由這種意志力的堅持，才能做好道德的實踐工作。

　　繼「正心」、「持敬」之後，許衡接著便要求「愼獨」的工夫。「愼獨」是儒家強調人在道德的修養過程中，應維持某種自律的態度，這種自律的態度使得人們從事道德實踐時，時刻不忘某種積極實現價值本源的使命，並經由倫理秩序的認同，產生一種主動維持社會倫理秩序安定的傾向，因而信守倫理道德的規範，自覺地從事道德修養工夫。「愼獨」原是《中庸》的內容，它是「中庸」這個道德修養工夫總綱領的起點，孔子以來，「中庸」這個道德意識的崇高性，就一直被反覆的歌頌著，而且幾乎所有的道德修養工夫都是以「中庸」爲指導原則、最高的價值標準。事實上，《中庸》這本書揭示了從「自然觀」到「心性貪」的思維脈絡，並由此擴及「內聖外王」的整體架構，因此，《中庸》向爲兩宋儒家所遵循、效法。許衡繼承程朱之學，故取益於該書之處甚多，他在道德修養的看法上，似乎也是從這本書的詮釋出發，架構出整個道德修養的理論系統。是故，我們認爲他以「中庸」爲道德修養工夫的總綱領，廣泛的討論道德修養在「內聖外王」上發揮的作用，諸如「誠」的觀念、「絜矩之道」、「居易俟命」、「倫理秩序的維持」等範疇，都可以在「中

庸」這個指導原則下發揮各自的作用，最後，我們將以「眞知力行」作結。我們一再強調，儒家的道德修養工夫絕對不只是一套學術理論而已，它在聯繫「內聖外王」的用心上、投入了經世致用的熱忱，依許衡所處的客觀環境而言，經世的渴望應該更加強烈。然而，許衡雖以「眞知力行」說明他在道德修養上的知行觀念，他所定義的「眞」與「力」爲何？這樣的定義在道德修養工夫上，有何具體的影響呢？我們將在闡述諸如「正心、持敬」、「愼獨、中庸」等道德修養工夫的範疇之後，接著以「眞知力行」的觀念，指出許衡在道德修養工夫上強烈的入世要求。

　　本節從「正心、持敬」、「愼獨、中庸」、「眞知力行」三個範疇，概述許衡道德修養工夫的內涵。由於這三個範疇不是對列互斥的展示，而是彼此關係密切、甚至是相互依存的工夫實踐，所以我們將採用連貫式的討論，藉以突顯其間的聯繫關係。

一、正心、持敬

　　我們曾經反覆說明，理學家「自然觀」的思想內涵是倫理道德之事的形上依據，而儒家主要關懷的目標，還是落實於人世間的倫理道德價值之上，因此從「自然觀」到「心性論」的理論發展，就成爲兩宋理學家共同的學術傾向，這個部分在本文第三章已有論述，故此處不擬多做贅述。許衡踵武前賢，十分重視人能否依循天理，在倫理道德上有所表現，在此過程中，「心」發揮了十分重要的功能。許衡相信：「道是日常事物當行之理，皆性之德，而具於心。」（《魯齋遺書》卷五，〈中庸直解〉），「道」不是什麼高遠的天理，從日常生活的實踐中掌握即可，正因如此，人能自覺地發揮心的作用，確實在日常生活中實踐道德修養的工夫，便可上與天合而爲一，達到「天人合一」的境界。所以許衡說：「心也、性也、天也，一理也，如何？先生曰：「便是一以貫之。」（《魯齋遺書》卷一，〈語錄上〉），心之所以能與性、天一貫，就在於其施之於道德修養工夫，與性、天皆相同，都是重在遵循天理之本然。

　　許衡如此重視「心」在衡接「自然觀」與「心性論」上的意義，其立論的基礎就在於將「心」提昇成爲開啓天賦道德理性的原動力。對一般人而言，道德理性乃天賦的基本能力，人本身蒙昧無知，又因外在的誘惑而迷失此道德理性，但「心」的虛靈明覺功能一旦發動，即可豁醒天賦的道德理性，立刻可以上合天理之本然，下應人事之應然。許衡說：「故上帝降衷，人得之以

為心，心形雖小，中間蘊藏天地萬物之理，所謂性也，所謂明德也，虛靈明覺神妙不測，與天地一般。」（《魯齋遺書》卷三，〈論明明德〉），「心」的虛靈明覺能力一旦發動，則與「性」、「理」合一，完成聯繫天理與倫理道德之事的重大使命。道德修養工夫的理論基礎為何呢？事實上，人心之所以有此虛靈明覺的能力，乃是人心本有天賦道德理性的成分，故虛靈明覺能力所啟動者無他，就是人心本有的道德理性。如果沒有這種虛靈明覺的能力，必然尋求外力驅動此天賦道德理性，道德實踐就變成一種他律的要求，此非孔孟儒學的主流，也不是程朱特色，許衡也斷然不會接受這種說法。

人擁有虛靈明覺的能力，所以在一般的生活中遵循「心之所存者理一，身之所行者分殊。」（《魯齋遺書》卷二，〈語錄下〉）的要求，藉著道德修養的工夫，使身心皆無愧於天道。這就是說，以天賦道德理性為基礎，益之以道德修養之工夫，立身行事，無所差謬，就像天地萬物在自然法則——「理」的運行下，各遂其生，各得其所。既然如此，人皆有天賦之道德理性，是否意味著人皆可為善嗎？世界大同的境界乃輕而易舉，自然而然嗎？事實並非如此，相反的，人世間充斥著惡行，道德淪喪常有之，儒家所描繪的理想境界似乎是件遙不可及的事。其中的問題為何呢？我們認為，這就是「心」的作用意義了。如果把「心」視為至善的本體，善惡的問題就可以從「心」的本身意義上談；「心」如果被視為某種知覺至善本體的能力，善惡的問題卻得由「心」的明覺作用上談。

許衡既然認為「心」不是本體，只是一個能夠知覺本體的能力，所以「理氣」之說與「心」得以結合，而為善惡的現象提供了某種形而上的解釋。此外，許衡認為：「聲色臭味發於氣，人心也，便是人欲；仁義五常根於性，道心也，便是天理。」（《魯齋遺書》卷二，〈語錄下〉）。上述引文中他將「心」分成「人心」、「道心」兩者，乃是指出人們可能因感官的限制、物慾的左右，可能迷失天賦的道德理性，如此一來，「心」不僅具有虛靈明覺的能力，足以啟動天賦道德理性，更因形下氣質所限，客觀存在條件所拘，而有為惡的可能性。基於為善去惡的道德實踐原則，他鼓勵人們「天地間當大著心，不可拘於氣質、局於一己，貧賤憂戚不可過為隕穫，貴為公相不可驕。」（《魯齋遺書》卷二，〈語錄下〉）。這段話就是強調人應該發揮「心」的原動力，不可拘於客觀的限制、物慾的左右，透過對天理的掌握，實踐倫理道德規範。我們相信，這就是許衡道德修養工夫的主要觀念，也是進一步實現其倫理道德

價值體系的不二法門。因此，我們論及許衡的道德修養工夫時，絕對不能忽略「心」的意義和作用。

　　前面已經充分論證了「心」的意義和作用，是形成道德修養工夫的關鍵要素，但如何將「心」的意義和作用化成某種道德修養的訴求呢？許衡提出：「正心」的觀念，回答了這個問題。眾所皆知，「正心」是《大學》入目之一，許衡透過強調「心」的意義和作用，顯然特別重視「正心」這個道德修養的條目。許衡在詮釋《大學》時，曾反覆強調「正心」對「修身」、「齊家」、「治國」、「平天下」的重要影響，他曾說：

　　　　孔子道脩身在正心，這的是《大學》裏的一個好法度，能正心便能
　　　　脩身，能脩身便能齊家，能齊家便能治國，能治國便能平天下，那
　　　　誠意格物致知都從這上頭做跟腳來。(《魯齋遺書》卷三，〈直說大學
　　　　要略〉)

然而「正心」何以成為「修身」、「齊家」、「治國」、「平天下」的基礎呢？原因在於「凡人心既正了，身又脩得正，在一家之中，為父者慈，父子者孝，一旦在朝廷為官，決忠於君，在家兄弟和睦，在外與人做伴當老實，心裏慈愛，覷著百姓，恰似覷著家裏孩兒。」(《魯齋遺書》卷三，〈大學要略〉)，所以「正心」能造成身、家、國、天下一片和睦，完成儒家「內聖外王」的理想。

　　依《大學》中「內聖外王」實踐的次第，「正心」之前尚有「格物」、「致知」、「誠意」等工夫，但許衡認為後三者都必須在「心」上下工夫才行。譬如許衡解「欲正其心者先誠其意」時，就認為「誠字解做實用，意是心之所發，若要端正自家的心，必先誠實那心之所發處，不可有一些自欺，所以說欲正其心者先誠心意。」(《魯齋遺書》卷四，〈大學直解〉)；解「欲誠其意者先致其知」時，更說「致是推極的意思，知是知識。若要誠實心之所發，必先推極本心之知識，不可有一些不盡，所以說欲誠其意者先致其知。」(《魯齋遺書》卷四，〈大學直解〉)；解「致知在格物」時，則強調「格字解做至字，物是事物，若要推極本心之知識，又在窮究天下事物之理，直到那至極處，不可有一些不到，所以說致知在格物。」(《魯齋遺書》卷四，〈大學直解〉)。從這些論述上來看，許衡顯然是認為「心」的意義和作用，施於《大學》八目之上，實具有十分重要的地位。

　　上述引文中，許衡所謂「心之所發」，是指人天賦的道德理性；「本心之知識」則是天理的內涵，換句話說，就是在「理一分殊」的概念下，上得於

天，下應於人的一套倫理道德規範。事實上，許衡反覆申述「心」貫串天理與人世間的重要地位，即是為道德修養工夫建立一個形上的原則，同時，也為形下的具體實踐，找到一個明確的施力點。所以他說：「巧言令色，人欲勝，天理滅矣。人但當脩心自理，不問與他合與不合。」（《魯齋遺書》卷一，〈語錄上〉），「巧言令色」不符合儒家道德標準，許衡告訴我們所謂「脩心自理」，就是一個道德修養實踐的施力點，道德修養所應堅持的目標就是天理，而這種堅持所象徵的意義，甚至超越是否合乎事理的問題。

我們再回到《大學》八目中「修身」的範疇上談，因為這是「內聖」的終點，也是「外王」的起點，「正心」直接用力處，我們談道德修養工夫，「修身」的成果如何，常具有指標的意義。許衡說：

> 經文所言修身在正其心者為何？蓋惱怒、畏怕、歡喜、愁慮這四件，是人心裏發出來的情，人人都有，但當察個道理上，不當惱怒卻去惱怒，則惱怒便偏了；不當畏怕，卻去畏怕，則畏怕便偏了；不當歡喜，卻去歡喜，則歡喜便偏了；不當愁慮，卻去愁慮，則愁慮便偏了，這四件偏了心便不正，如何能修得自家的身子。（《魯齋遺書》卷四，〈大學直解〉）

依引文，許衡所指的「正心」，似乎是指人們情緒抒發的適切性問題，但所謂的「不當」而導致的「偏」，就另有所指了。「心」的正與不正，關鍵在於有無偏執，如果有所偏執，舉止之間失其正道，自然就「不當」而有所偏了，上述引文顯然不只是說情緒的抒發而已，事實上，許衡是在突顯一個倫理道德的價值問題。他說：

> 一件事擺跟前，心裏知有處置便心定，心既定更休動便是靜，能心靜不亂便是能安，能安呵便是能處置，便理會得，那不合怕的不怕，不合喜的不喜，不合怒的不怒，不合憂的不憂。（《魯齋遺書》卷三，〈大學要略〉）

我們認為所謂「心裏便有處置使心定」，就是指心能安於某種倫理道德的價值規範，故得安於所行。那麼，心的作用如何落實於道德修養的工夫上？許衡認為學之初、論學之際，皆以「持敬」為先務，他說：

> 靜而敬，常念天地鬼神臨之，不敢少忽；動而敬，自視、聽、色、貌，言事疑忿，得日日省察，不要逐物去了。雖在千萬人中，常知有己，此持敬之大略也。……為臣為子，為君為父皆索要敬，以至

　　當小事、當大事，都索要敬。這一件先能著力，然後可以論學。（《魯
　　齋遺書》卷三，〈論明明德〉）

許衡所謂的「學」，當是指儒家所謂的「爲己之學」〔註2〕，而此乃儒家講求
「內聖」而「外王」的學術思想特色，許衡認爲「敬」從「身心收歛，氣不
粗暴」，一直到「在《小學》便索要敬，在《大學》也索要敬。爲臣爲子，爲
君爲父皆索要敬。」都能發揮效果，可見他對「敬」的重視了。

　　「敬」原指專心一意，不受外物影響，許衡曾簡單的解釋爲：

　　東萊嘗云：南軒言心在焉則謂之敬。且如方對客談論，而他有所思，
　　雖思之善，亦不敬也，纔有間斷便是不敬。（《魯齋遺書》卷一，〈語
　　錄上〉）

此後許衡接受程頤的看法，賦予倫理道德的意義，認爲「聖人之心，如明鏡
止水，物來不亂，物去不留，用功夫主一也，主一是持敬也。」（《魯齋遺書》
卷一，〈語錄上〉），所以「君子之人，不待動而應事接物之時，方纔敬謹；於
那未動時，其心已敬謹了。」（《魯齋遺書》卷五，〈中庸直解〉），在具體的實
踐上，則應「雖在千萬人中，常知有己。」（《魯齋遺書》卷一，〈語錄上〉）。
許衡之所以如此重視「持敬」，顯然是希望透過這樣的修養工夫一方面堅持天
賦道德理性，故「常知有己」一方面省察是否專意於道德修養工夫的實踐，
避免玩物喪志，失去所應實踐與堅持的方向。

　　正因如此，人能「持敬」之後，就能發揮「愼獨」的功能了。許衡說：

　　幽暗之中，細微之事，人以爲可忽者，殊不知其跡雖未形而幾則已
　　動，人雖不知而己獨知之，則是天下事，更無有著見明顯而過於此
　　者，所以君子之心，既常戒懼而於幽暗之中，細微之事。雖人所不
　　知而己所獨知之地，尤必極具謹愼而不敢忽，所以遏人欲於將萌，
　　而不使其潛滋暗長於隱微之中，以至離道之遠也。（《魯齋遺書》卷

〔註2〕　「爲己之學」一詞出自《論語》：「古之學者爲己，今之學者爲人。」（《論語‧
　　　　憲問》），程頤的解釋是「古之學者爲己，其終至於成物，今之學者爲人，其
　　　　終至於喪己。」（《論語集注‧憲問》）；近人杜維明則認爲「爲己之學」就是
　　　　儒家強調「學」的目的，在於學做人，而且是學做好人。（〈儒家論做人〉，收
　　　　入《儒家思想》一書，台北：東大圖書公司，1997年），程氏的說法，乃借儒
　　　　家成己成物解釋爲己爲人之學；杜氏則以社會倫理的觀點，突顯「爲己之學」
　　　　的倫理道德意義，如果就其追求的目標而言，兩人其實都是站在儒家「內聖
　　　　外王」的理想下探討這個問題，故本文也以「內聖外王」的觀念理解「爲己
　　　　之學」。

五，〈中庸直解〉）

因為「君子之心，既常戒懼而於幽暗之中，細微之事」，之所以能「遏人欲於將萌，而不使其潛滋暗長於隱微之中，以至離道之遠也。」確實做好道德修養的工夫，乃是基於「極具謹慎而不敢忽」的「持敬」之心。反觀如果無此持敬之心，「幽暗之中，細微之事」皆無所用心，道德修養何由成立？道德實踐也只是空談而已。

下節我們將繼續討論「慎獨」這個觀念。「慎獨」原是《中庸》內的一個概念，許衡特別把它突顯出來，做為「內聖外王」理想的起點，並以之擴展成為「中庸」這個道德修養工夫的總綱領。由於許衡談「慎獨」是以「心」的作用為基礎，透過「敬」的具體要求，方可達成，所以我們在完成「正心」、「持敬」的內涵界定後，接著討論「慎獨」的部分，再將其擴大到「中庸」的層面。

二、慎獨、中庸

前文的論述中，我們已經肯定「心」的意義和作用在道德修養工夫上的重要性，但如何將「心」的意義和作用落實於道德修養的工夫上呢？便不得不進而討論道德修養實踐時，所應抱持的某些自律的態度。「慎獨」原是儒家經典《中庸》中的一個概念，主要是提醒儒者道德修養工夫必須是自覺自律的，就算無人獨處之時，也能堅持理想，不能稍有變異。許衡特別重視「慎獨」，他說：

> 凡人之情，敬慎於憂危，惰慢於暇豫，聖人不如此。堯舜只兢兢業
> 業無已時，憂危暇豫，處之如一日。一日萬機，何得惰慢？程先生
> 謂惟慎獨可以行王道，初未然之，徐而思之，不如此不得行理道，
> 蓋功夫有間斷故也。（《魯齋遺書》卷二，〈語錄下〉）

許衡自述對程子所言「惟慎獨可以行王道之語」的觀念，始疑而終信之，顯然是經過一番長期的體會和實踐，「慎獨」原是道德行為的自律原則，屬於個人道德修養的層面。

許衡認同「慎獨」可以行王道，就已經突顯了兩層意義：其一，再次肯定「內聖」而「外王」的道德修養路徑和目標；其二，提高「慎獨」的意義，似乎所有道德修養工夫都必須以某種自律的道德修養態度作基礎。因此，許衡說「不如此不得行王道，蓋功夫有間斷故也。」語意上就是說「如果不能

慎獨，就不能行王道，此乃因道德修養工夫無法持續之故。」對許衡而言，「慎獨」不僅是修養工夫，也是維持道德修養工夫的動力。如果道德修養工夫的實踐沒有自律的態度為後盾，此工夫將無所歸依，而儒家要求道德修養從內在的天賦道德理性而發，緊接著灌注於社會倫理秩序的重大使命，將轉而成為只是外在的規範制約，此全無自覺內發的道德意識可言了。

為什麼「慎獨」可以成為維持道德修養工夫的動力？我們所說的自律道德態度為何？「慎獨」具有「好善惡惡」的能力，也同時兼具「為善去惡」的道德堅持。就前者而言，許衡曾說：

> 獨是自家心裏獨知處：好善惡惡，實與不實，他人所不及知，是我自家心裏獨自知道這等去處；君子必要謹慎，以審其幾微。（《魯齋遺書》卷四，〈大學直解〉）

「好善惡惡」是基於天賦道德理性的直覺判斷，此乃充分掌握天理後的真知，「慎獨」的基本前提，就是能做到分辨善惡、好善惡惡的地步。以後者來說，許衡認為：

> 人所不知而己所獨知者，一念方動之時也。一念方動，非善即惡，是氣稟人欲，即遏之不使滋長。善是心中本然之理，即執之不使變遷。如此，則應物無少差謬，此所謂致知也，省察之事也。（《魯齋遺書》，卷二，〈語錄下〉）

「慎獨」本身具有分辨善惡、好善惡惡的能力，更進一步做到「是氣稟人欲，即遏之不使滋長。善是心中本然之理，即執之不使變遷。」「慎獨」能明心中本然之理，故能「正心」，依孔子之言，家、國、天下便可因而得其正，此乃「慎獨」之所足以王道的原因，也是「慎獨」能成為聯繫「內聖外王」理想，而落實於道德修養工夫的主要關鍵了。

然而「慎獨」落實於道德修養工夫的項目時，必須先培養「敬」的基本工夫，因為「敬」是實現「慎獨」概念的重要媒介，也是任何道德修養工夫的基礎。換句話說，「敬」將天賦道德理性的堅持，與道德實踐的方向，做一緊密的聯繫，如果不強調「敬」在道德修養工夫的關鍵地位，道德修養與實踐將各行其是，儒家「內聖外王」的理想形同具文，永無實現的可能。

許衡有關道德修養工夫的看法，大多集中在《中庸直解》之中。許衡對《中庸》如此重視，除了與他繼承程朱學術的背景有關之外，更重要的，此書中有關道德修養的論述，幾乎構築了許衡道德修養工夫理論內涵。此外，

不僅這本書的詮釋成爲許衡建構其道德修養工夫,「中庸」兩字的意義,也是許衡道德修養工夫的總綱領。許衡曾說:

> 這個《中庸》的道理,推開去則充滿於六合,收斂來則退藏於一心中間,意味無有窮盡,都是著實有用的學問,不比那虛無寂滅之教不不可見於行事,善讀這書的玩味思索於其中,義理件件看得明白,以之修身而身修,以之治人而人治,自少至老終身受用,有不能盡者矣。(《魯齋遺書》卷五,〈中庸直解〉)

在這段敘述中,許衡亟稱「中庸」這個觀念對修己治人的重要意義,而且我們應該注意的是,許衡特別強調它是「著實有用的學問」,與釋道的「虛無寂滅之教」有別,而能夠成爲儒家道德修養工夫的首要觀念。

「中庸」的道理既然如此重要,許衡是如此定義它的內涵?許衡採用程子的說法:

> 程子解《中庸》說,這理具於人心,無所偏倚,所以名之曰中,行之日用不可改易,所以名之用庸。(《魯齋遺書》卷五,〈中庸直解〉)

不偏不倚,行之日用而不可改易,就是所謂的「中庸」,而且許衡稱此乃具於人心,無可更易,這又何解?許衡接著說:

> 程子又說,中者是天下共由的正道,庸者是古今常行不變的定理。如父子之親,夫婦之別,長幼之序,朋友之信,天下之人誰能不由此道理行?從古至今誰能變易得?所以說中者天下之正道,庸者天下之定理。(《魯齋遺書》卷五,〈中庸直解〉)

此處強調「中庸」維繫倫常的規範,是天下的正道、定理,而且從古至今,不能變易。爲什麼「中庸」的道理如此重要,幾乎囊括儒家倫理道德的所有內涵呢?「中庸」的觀念又是如何成爲許衡道德修養工夫的總綱領呢?

《中庸》的特殊之處,常常是從《中庸》的內容詮釋中逐漸開展的〔註3〕。

〔註3〕 宋儒最重視的經典,莫過於《大學》、《中庸》、《易傳》,其中《中庸》部分,常見於宋儒討論諸如「誠」、「慎獨」、「中庸」、「成己成物」等觀念之中。然宋儒假《中庸》、《易傳》的內容立論,其目的就在於將「自然觀」與「心性論」做一發揮,後世學者也多以這個角度理解宋儒對兩書的詮釋,譬如勞思光曾說:「中庸易傳與宋儒之說,則並非先以『主體性』爲基礎以展開而建立『客觀化』觀念。故孔孟之學與易傳中庸之『天道觀』之差異,並非『爲客觀化之主體性』與『客觀化之主體性之差異』間之差異,而是代表『主體性』之『心性論』與強調『存有原則』之『天道觀』間之差異」。(《新編中國哲學史》(三上),台北:三民書局,1987年)

上一節我們曾經說過，許衡道德修養的目標就重在「上應天理」，這樣的看法，便是從許衡詮釋《中庸》內涵時所歸結而出的看法，現在我們再一次檢視許衡道德修養的根源是否在於上應天理，即可從「中庸」的相關論述得到證明。事實上，從《中庸》「不偏不易」的本意延伸到「戒愼乎其所不睹，恐懼乎其所不聞。」的道德修養工夫，似乎經過一番思想深化的過程。「不偏不易」原是認同某種道德觀念所產生的消極作為，「戒愼乎其所不睹，恐懼乎其所不聞。」則是遵循某種道德價值的根源，所展開的積極工夫。因此，許衡就說：

> 君子因道不可離，心裏常存敬畏，於那目所不睹之處，雖是須臾之頃，亦戒愼而不敢忽；於那耳所不聞之處，雖是須臾之間，亦恐懼而不敢慢，所以存天理之本然，而不使離道於須臾也。（《魯齋遺書》卷五，〈中庸直解〉）

不睹不聞之時，心常存敬畏，修身以俟之，乃爲「存天理之本然」，而不使離道於須臾也。」許衡認爲「天理」乃倫理道德價值的根源，而「中庸」所代表的一套道德修養工夫，就是遵循此根源所付出的努力。

事實上，「中庸」作爲一道德修養工夫的總綱領，儒家視爲其天下之大道、公理，而給予其極高的評價，原因就在於儒家將「中庸」之道，不僅視爲自我道德修養的努力目標，它也是一套促成和諧社會倫理秩序的不二法門。因此，「中庸」的不偏不易之理就成爲儒家完成「內聖外王」理想的重要依據，本節主要在強調「中庸」的概念在道德修養工夫上的意義，故其立論基礎，當在上應天理，下順社會倫理脈絡的前提上，從自覺地進行「愼獨」的修養工夫開始，再將此不偏不易之道，落實於日常生活之中，才能發揮其功能與價值。

三、眞知力行

許衡認爲如果要確實掌握「聖人之道」，不能單從章句訓詁中爭論聖人的言語，應該從眞實地從「心」上體會，才能「眞知」聖人的倫理道德的價值觀爲何，並且再進一步「踐履」於日常生活之中，這是我們曾在本文第四章討論過的。許衡爲什麼要特別強調掌握「聖人之道」不能靠章句訓詁，又同時指出必須透過「心」的體會，而且在過程中應該滿足「眞知」和「踐履」的要求呢？我們認爲，許衡的用意，既是重申道家道德修養工夫的特色，也

配合時局的省思，才提出如此重大的宣示。儒家的道德修養工夫，是從其倫理道德價值觀衍生出來的，因其強烈的經世熱忱，故對此工夫掌握，就不能只視為一套知識的體系，可由章句訓詁得之。在儒者而言，此乃生命事業的大目標，故當格物窮理，專心體會，並將其應用於個人操守與社會國家，方能無愧於心。此外，許衡雖是吸收儒家傳統倫理道德價值觀，並醞釀出一套道德修養工夫，但此過程中，實有其時局變化的刺激在內，原因是知識份子遭逢異族統治，蒙、漢價值觀念相左，入仕為臣之際，是否能在堅持儒家倫理道德觀的前提下，積極投入經世濟民事業？這是許衡在宣揚儒家思想時最關切的問題。尤其儒臣們在元初政局中的尷尬角色，以及世祖模稜兩可的態度之下，許衡更是強調「知行一致」的認可，對儒家倫理道德價值觀的重要意義。

那麼，如何在「知行一致」的立場上，掌握倫理道德的價值觀呢？許衡說：「凡行之所以不力，只為知之不真。果能真知行之，安有不力者乎？博學之、審問之、慎思之、明辨之，只是要個知得真，然後道篤行之一句。」（《魯齋遺書》卷一，〈語錄上〉）。此處所謂「真知力行」的說法，並非許衡首創，程朱已有類似的概念，但就許衡而已，雖對此著墨不多，卻是一個十分重要的概念。歐陽玄奉敕撰《神道碑》的內容，也是用這個概念稱讚許衡一生的行誼，他說：「先生真知力行……其為學也，以明體達用為主，其脩己也，以存心養性為要。」（《魯齋遺書》卷十三，〈神道碑〉），歐陽玄指出許衡的「真知力行」是表現在「為學」和「脩己」上，因為他能分別做到「以明體達用為主」、「以存心養性為要」，所以符合「真知力行」的要求。許衡和歐陽玄對「真知力行」的看法是否一致？這樣的看法與許衡的道德修養工夫有何聯繫？

前引文中，許衡所謂「真知而後必能力行」中的「真」與「力」是兩個修飾語，卻因而已來了豐富的含意。依許衡之意，「真知」就是透過「博學之、審問之、慎思之、明辨之」的學習過程所獲得的知識；「力行」則是將因「真知」所掌握的「道」付諸實踐的做為而言。雖然，所謂的「真知」是透過博學之、審問之、慎思之、明辨之的功夫獲得，經由前一章有關「格物致知」的探討，我們也可知其內涵則是對天理充分掌握；至於「力行」，則是透過認知理性與道德理性的匯通之後，將所掌握的天理付諸實踐，以期建立倫理價值的體系，與個人在整個倫理秩序中的定位。因此，我們可以說，許衡遵行

程朱「知先行後」的觀點，並以相同的理論架構，朝向「格物致知」→「知先行後」→「倫理道德價值體系」（知行一致）的思維模式下發展的。歐陽玄所謂脩己時的「存心養性」，為學用世時的「明體達用」，不也正是這樣的思維邏輯嗎？換句話說，由內而外、由知而行、由脩己而治國平天下、由「內聖」而「外王」，不也就是儒家淑世哲學的一貫思維嗎？

「真知力行」與道德修養工夫有何關聯呢？許衡說：「愛之能勿勞乎？忠焉能勿誨焉？忠與愛當如此乃可。世間只兩事，知與行而已。」（《魯齋遺書》卷二，〈語錄下〉），「愛」之使「勞」，「忠」焉而「誨」。許衡又說：「世間只兩事，知與行而已。」我們認為許衡是在強調世間之事都應該遵循倫理道德的價值標準，而此標準，則建立在「知」與「行」兩者的考察之上，因此，「愛」之使「勞」，「忠」焉而「誨」，就是闡明「忠」、「愛」不只是道德的概念，以純理的角度認識它即可，反而應該做到確實的施行才可。所以許衡相信：

> 聖人教人，只是兩字，從學而時習為始，便只是說知與行兩字，不惑、知命、耳順是個知字，只是精粗淺深之別耳！耳順是並無逆於心者，到此則何思何慮？不思而得也，從心不踰矩，則不勉而中。
> （《魯齋遺書》卷一，〈語錄上〉）

儒家聖人教人，當然是倫理道德之事，許衡卻說只是知與行兩字，原因無他，許衡乃藉此強調道德修養的工夫中，「真知力行」佔有十分重要的地位，是一位儒者應該終身奉行的方向。

許衡也將知行的思考，放在《大學》文本的詮釋之上，他說：「窮神是知也，知化是行也，窮盡天地神妙處，行天地化育之功。」（《魯齋遺書》卷二，〈語錄下〉），這段話中，許衡雖將知行的思考，放在「自然觀」的範疇之上，但其主要用心，還是在倫理道德的價值體系之上。正如本文第三章揭示，許衡在思維的路徑上是遵守從「自然觀」到「心性論」的原則，所以他說：「開物是知也，成務是行也，非但開發自己，要開發他人，只要開發得是。」（《魯齋遺書》卷二，〈語錄下〉），所謂「開發自己」、「開發他人」，就是在倫理道德的價值觀上，具體地指出人們應該努力的方向。許衡曾比喻「真知力行」的狀態為「心常思，則義理出，力常運，則百事可作。」（《魯齋遺書》卷二，〈語錄下〉），人唯有透過不斷的思考和踐履，才能證明自身存在的價值。人們如果能在道德修養上，時時自我砥礪，自然一切順遂，從心不踰矩，就能

達到「不勉而中」的境界了。再者，許衡強調學習時就應該有所抉擇，否則一旦表現於外，就容易倒行逆施，由此可證「眞知」與「力行」兩者密切的關係。

許衡指出「世人懷智挾詐，而欲事之善，豈有此理，必盡去人僞，忠厚純一，然後可善其事。」(《魯齋遺書》卷一，〈語錄上〉)，所以他「夜思晝誦，身體而力踐之，言動必揆諸義而後發。」(《元史》卷一五八，〈許衡傳〉)，在教育學生時，也重視「問諸生此章書義，若推之自身，今日之事有可用否，大凡欲其踐行而不貴徒說也。」(《魯齋遺書》卷十三，〈通鑑〉)，入仕爲臣時，應該效法諸葛孔明「不問利害只求義理，孔明見得眞，當時只以復漢討賊爲當然，至於成敗利鈍，非臣之明所能逆睹也，歸之於天而已。」(《魯齋遺書》卷一，〈許錄上〉)，依此，才能達到「眞知力行」的要求。與前述的道德修養工夫合論，則是：

> 《中庸》是說事之行得恰好處。子思說人心本自廣大，君子不以一毫私意自蔽。以推致吾心之廣大，而於析理又必到那精微處，不使有毫釐之差；人心本自高明，君子不以一毫私慾自累，以推極吾心之高明而於處事，又必由那中庸處，不使有過與不及之謬。(《魯齋遺書》卷五，〈中庸直解〉)

文中所謂「君子不以一毫私慾自累，以推極吾心之高明而於處事，又必由那中庸處，不使有過與不及之謬。」落實在日常言行之中，就可以做到「審而後發，發無不中。否則，觸事遽喜，喜之色見於貌，喜之言出於口，人皆知之，徐考其故，知無可喜者，則必悔其喜之失，甚至先喜後怒。先喜是，則後之怒非也。號令數變，無他也，喜怒不節之故。是以先王潛心恭默，不易喜怒。」(《魯齋遺書》卷七，〈時務五事〉)，不因喜怒而失去明智的判斷，更不會因而影響倫理道德秩序的維持，也正因如此，道德修養的工夫才能發揮具體的作用。

第三節　處事哲學

經由前兩節的討論，我們已經將道德修養所要求的目標，以及如何落實的工夫，做了一番疏解，接下來，我們就要探討許衡的道德修養觀念和工夫，是如何具體的實踐於人群社會中。若就本文所設定的「基源問題」來說，則是如何透過將這套道德修養的看法落實，使異族統治下的政體再現儒家「內

聖外王」的景象。儒家的處世哲學原有其固定的特質，它強調「內聖」與「外王」的順序，也同時堅持建基於複雜的社會倫理脈絡之中，因此，「內聖」不能自外於社會倫理脈絡，「外王」更是在社會倫理脈絡中實現，道德的修養工夫，實兼有此兩者，故本文常以「倫理道德」稱之，便是在此認識下，將此倫理道德做一密切的結合。

　　然則何爲「複雜的社會倫理脈絡」呢？這是從社會中的個體本身說起，因血緣關係而有父母、兄弟、子女，姻親關係便有夫妻與其他親族，社會關係之下則有君臣、師友、長幼等等，然以上種種關係，除了血緣關係之外，其他的關係都可能因所處的地位而有所變動，而有其不同的應對之道。儒家汲汲於爲每個名位定其份際，期使「名正而言順」，並不是要人們固執於名位之不可異，而是若有變化，即應迅速找到其定位與份際，才能使社會安定，人們安於其位，行其所當行。那麼，人們如何安於其位，行所當行呢？此處儒家便訂定出一套道德修養與實踐的規範，以供人們遵守。因此，儒家的道德修養之事，並非宗教性的教條、學派的內規，或者是獨裁威權的附屬品，乃是儒者冀望促進社會倫理秩序和諧的處世哲學，我們應該從這個角度了解儒家倫理道德的目標，才能貼近原旨。

　　我們認爲，許衡就是在這樣的認識之下，建構其倫理道德價值的體系，然建構此體系的過程中，許衡經由「自然觀」到「心性論」，繼承宋儒「由外而內」的建構歷程，又以之爲基礎，參酌有關「格致論」到「知行觀」的體會，逐步建立其倫理道德價值體系的內涵。此外，又因儒家「內聖外王」的處世哲學、與夫時代的體驗，他便將此價值體系加以擴充，形成從道德修養工夫爲起點，逐漸擴充到政治思想與實踐，以及教化的志業兩個範疇，於是，許衡道德修養工夫的理念，源自對「自然觀」到「心性論」，以及「格致論」到「知行觀」的再詮釋，將其灌注於政治與教化之志業的基本工夫，由此可見其關鍵的地位。

　　以下我們便嘗試以道德修養工夫的立場談起，配合儒家「內聖外王」的用世思維，一一討論許衡在「自我修養」、「群己關係」和「經世濟民」三個部分的內涵。這樣的探討方式，不僅符合儒家「內聖外王」的理想，也是因應許衡建構其倫理道德價值體系的過程，在探討的歷程中，我們也能因而了解，許衡的道德修養工夫將會如何影響其政治思想與實踐，以及教化的志業。

一、自我修養

儒家認爲道德修養的工夫應該從本身做起，倫理道德所追求的「道」，就在日常生活的實踐之中。然因許衡接受宋儒「由外而內」的思維模式，所以將「道」理解爲「天理」，且爲人「性」與「心」共同具備的本質，故人應該自然能做爲善去惡的工作，不須強求。再者，人們既已具備天理的本質，於是許衡相信「心之所存者理一，身之所行者分殊。」（《魯齋遺書》，卷二〈語錄下〉），如果心存天理，身體力行者當不悖天理，本章第一節所論道德修養工夫的目標，主要在於「上應天理」、「爲善去惡」、「知行一致」，就是這個道理。

然而，許衡如何將此觀念注入處世的哲學之中呢？我們認爲，本章第二節曾經論及的「持敬、正心」工夫，就是許衡自我修養的不二法門。先從「持敬」上說，許衡認爲：「凡事一一省察，不要逐物去了，雖在千萬人中，常知有己，此持敬大略也。」（《魯齋遺書》卷一，〈語錄上〉），所謂「雖在千萬人中，常知有己」，就是透過省察的步驟，收斂心性，堅守善道，不隨波逐流。「持敬」做爲一個道德修養工夫而言，是心性的修持工夫，落實在社會脈絡的應對而言，就是一種應世的道德情操。換句話說，心性的修持工夫如果沒有放在實際的社會情境下檢核，只是空談，因此，「持敬」不僅是心性的修持工夫，也是處世的道德情操。故許衡要求：

> 爲學之初，先要持敬。敬則身心收斂，氣不粗暴。……靜而敬，常念天地鬼神臨之，不敢少忽；動而敬，自視、聽、色、貌，言事疑忿，得一日省察，不要逐物去了。雖在千萬人中，常知有己，此持敬之大略也。……這一件先能著力，後可以論學。（《魯齋遺書》卷三，〈論明明德〉）

從這段引文可知，許衡強烈地要求學者要從「持敬」做起，而且引經典爲證，增加其說服力。但值得我們注意的是，他對這些經典的解釋，是把「持敬」這類的自我修養要求，放在社會倫理脈絡下理解，藉以突顯它的重要性，所以許衡說：「天下古今之善，皆從敬字上起，天下古今之惡，皆從不敬上生。在《小學》便索要敬，在《大學》也索要敬。爲臣爲子，爲君爲父皆索要敬。以至當小事、當大事，都索要敬。」（《魯齋遺書》卷三，〈論明明德〉）。因此，如果放在處世哲學的立場上觀察，「持敬」就是許衡基於其道德修養工夫的特性，落實於社會倫理情境中，就是人們自我修養的重要工作了。

　　許衡雖已說「持敬」的工夫是「凡事一一省察，不要逐物去了，雖在千萬人中，常知有己」，但如何才能做到這樣的地步呢？許衡把這個問題引入「心」的討論之中。前文已經大篇幅的介紹許衡對「心」的詮釋，也概略地敘述了「正心」這個道德修養工夫，但它如何落實在社會倫理情境之中呢？它在許衡的處世哲學中有何意義呢？這些都是我們接下來要談的論題。

　　許衡曾說：「天地間當大著心，不可拘於氣質、局於一己。」（《魯齋遺書》卷二，〈語錄下〉），「不可拘於氣質、局於一己」就是指不可受到「聲色臭味發於氣，人心也，便是人欲」的左右，應該依於「仁義五常根於性，道心也，便是天理。」（《魯齋遺書》卷二，〈語錄下〉）的引導才是，也正有此體會，在生活實踐中才能「貧賤憂戚不可過爲隕穫，貴爲公相不可驕。」（《魯齋遺書》卷二，〈語錄下〉）。許衡又將這個道理加以發揮，他說：「巧言令色，人欲勝，天理滅矣。」（《魯齋遺書》卷一，〈語錄上〉）。我們認爲，許衡之所以刻意強調人透過「心」的省察工夫，掌握並落實「天理」於日常生活之中，乃是爲激發人天賦的道德理性，使之應用於社會倫理的脈絡之中。正因人有此天賦道德理性，故可主動地追求某種倫理道德的價值標準，「正心」就是人們主動地爲追求道德標準，而在道德修養上努力，企求發展出一套處世哲學的過程。許衡所謂：

> 凡事在幽暗處雖是隱伏難見，然其善惡之幾，甚是昭然明白，所以君子於自己獨知之地，內自省察，無有不善的疾病，方能無愧於心。這君子，眾人所以不能及也，無他，只是於人所不見的去處能自致其謹而已。（《魯齋遺書》卷五，〈中庸直解〉）

文中所指的「無愧於心」，就是自覺地進行道德實踐的期望。但是該如何「正心」呢？許衡的說法是：

> 蓋惱怒、畏怕、歡喜、愁慮這四件，是人心裏發出來的情，人人都有，但當察個道理上，不當惱怒卻去惱怒，則惱怒便偏了；不當畏怕，卻去畏怕，則畏怕便偏了；不當歡喜，卻去歡喜，則歡喜便偏了；不當愁慮，卻去愁慮，則愁慮便偏了，這四件偏了心便不正，如何能修得自家的身子。（《魯齋遺書》卷四，〈大學直解〉）

「惱怒」、「畏怕」、「歡喜」、「愁慮」這四件事乃應物時人情之自然抒發，許衡卻提出個「當」或「不當」的觀念，甚至由此引發心的「正」與「偏」的問題。事實上，許衡所指的「當」或「不當」就是強調行事上應堅持「所當

然」的立場，這是從倫理道德的角度展開的，所以他說：

> 凡一事之來，一言之發，必求其所以然與其所當然，不牽於愛，不
> 避於憎，不因於喜，不激於怒，虛心端意，熟思而審處之，雖有不
> 中者，蓋鮮矣。(《魯齋遺書》卷七，〈時務五事〉)

如果失其所「當」，就會導致「觸事遽喜，喜之色見於貌，喜之言出於口，人
皆知之，徐考其故，知無可喜者，則必悔其喜之失……號令數變，無他也，
喜怒不節之故。」(《魯齋遺書》卷七，〈時務五事〉)，沒有依循倫理道德的標
準，堅持行事之「當」或「不當」，「心」之喜怒不一，舉足失措，何得「正
心」？因此，許衡認為應該做到如下的情形：

> 子思說君子因道不可離心裏，常存敬畏，於那目所不睹之處，雖是
> 須臾之頃亦戒慎而不敢忽，於那耳所不聞之處，雖是須臾之間亦是
> 恐懼而不敢慢，所以存天理之本然，而不使離道於須臾也。(《魯齋
> 遺書》卷五，〈中庸直解〉)

在日常事務的處理上，就能「一件事到跟前，心裏知有處置便心定，心既定
更休動便是靜，能心靜不亂便是能安，能安呵便是能處置，便理會得。」(《魯
齋遺書》卷三，〈大學要略〉)。如能做到這個地步，「心」便有所安立，故言
行一切循禮中節，自然舒適安泰，進而可以發揮所長，逐步完成「齊家」、「治
國」、「平天下」的大業。《大學》所謂的「定」、「靜」、「安」、「慮」、「得」，
就是在敘述這種安立的過程。許衡說：

> 人若是先曉得那所當止的去處，志便有個定向，無疑惑了，這便是
> 知止而後有定。志若有了定向，心便有個主張，不妄動了，這便是
> 定而後能靜。心既能靜，身子便到處皆安穩，自然不動搖，這便是
> 靜而後能安，身既能安，凡是便會仔細思量，自然不錯亂，這便是
> 安而後能慮。事既能慮，然後明德新民都得了所當止的至善，這便
> 是慮而後能得。(《魯齋遺書》卷四，〈大學直解〉)

由於「心」逐步達到「定、靜、安、慮、得」的狀態，《大學》所追求的「明
德」、「新民」、「止於至善」三個境界，便可同時完成，可見「正心」工夫的
影響之深遠。我們可以這麼說：依許衡，「正心」的自我修養工夫，是「內聖
外王」事業的基礎，為人處世如果忽略這項工夫，卻侈言「內聖外王」者，
絕無可能之理。

　　既然許衡指出「正心」如此重要，而「正心」又是在日常生活中堅持道

德實踐的標準，所以他一再要求人們必須在生活點滴中用工夫。他曾說：「汲汲焉毋欲速也，循循焉毋敢惰也，非止學問如此，日用事為之間，皆當如此，乃能有成。」（《魯齋遺書》卷一，〈語錄上〉）。他認為道德的實踐與學問追求一樣，必須全力以赴，但不揠苗助長；循理不貳，無怠忽之舉，才能有所成就。但另一方面，在生活當中的全力以赴，除了是為蓄積點滴之功外，更重要的，由於人因氣質所拘，容易受到外物的誘惑，時而荒廢道德實踐的初衷，甚至倒行逆施，時有所見，所以許衡說：「日用間若不自加提策，則怠惰之心生焉。怠惰心生不止，於悠悠無所成，而放僻邪侈隨至矣。」（《魯齋遺書》卷一，〈語錄上〉）。除此之外，許衡也要求人們在誦讀經典時，也應以之為標竿，時時作自我砥礪的反省，並付諸實踐；日常生活中，對感官知識的吸收，也應以倫理道德為標準，審慎地處理每一個知識對自我的影響，務必使其不受干擾，專心一意，無改於道德實踐的初衷，他說：「耳目聞見與心之所發，各以類應，如有種焉。今日之所出者，即前日之所入也，同聲相應，同氣相求，未嘗少差，不可不慎也。」（《魯齋遺書》卷一，〈語錄上〉），就是此意。此外，他又從「思」的部分著手，強調人們應該集中倫理道德上的思考，切勿一開始就偏執，故「若人欲之萌，即當斬去，在自知之耳。人心虛靈，無槁木死灰不思之理，要當精於可思慮處。」（《魯齋遺書》卷三，〈小學大義〉），所謂「要當精於可慮處」，就是希望人們不要旁求妄進，應當堅持倫理道德規範的矩矱，在立身處世方面，自我的道德修養做起，方可逐步完成「內聖外王」的志業。

二、群己關係

　　我們曾說，許衡「內聖外王」的理想不能自外於複雜的社會倫理關係，這是儒家傳統的思維方式，然此社會倫理關係常涉及群己的問題，所以許衡在處理從道德修養工夫衍生的處世哲學時，就必須在群己的關係上，有所討論了。

　　儒家想要建立的社會倫理秩序，是基於每個社會的成員，都能因其所處的地位，做出合宜的行為，孔子的「正名」，就是這個觀念的具體訴求。人身處於社會的倫理脈絡之中，由於血緣關係而有父母、兄弟、子女；姻親的關係而有夫妻及其他親戚；也基於社會的互動關係，而有君臣、師友、長幼等聯繫。儒家要求人們應該尋求自己在此脈絡中的定位，並依道德的規範，做

出合宜的行爲，所以許衡說：

> 自古及今，天下國家惟有個三綱五常，君知君道、臣知臣道，則君
> 臣名得其所矣！父知父道、子知子道，則父子各得其所矣！夫知夫
> 道、婦知婦道，則夫婦各得其所矣！三者既正，則他事皆可爲之，
> 此或未正，則其變故不可測，知者又奚暇他爲也。(《魯齋遺書》卷
> 一，〈語錄上〉)

許衡的用意，就是要建立和諧的社會倫理秩序，人們因其所處的地位，行其
所當行，則一切事皆可順理而行，故儒家的學術思想以「明人倫」爲先〔註4〕，
就是這個道理。

正是基於這樣的理解，許衡便指出社會倫理脈絡下應依其定位，行所當
行之事。譬如對父母而言，他的要求是：

> 事親大節目是養體、養志、致愛、致敬，四事中致愛、致敬尤急，
> 所以孝只是愛親、敬親兩事耳。天子之孝，推愛敬之心以及天下，
> 亦惟此二事能刑於四海，固結人心，舍此則法術矣！其效與聖人不
> 相似，父母在不遠遊，爲子者恃血氣何所不往，但父母思念之心宜
> 深體，當以父母之心爲心。(《魯齋遺書》卷一，〈語錄上〉)

許衡認爲事親時應同時兼顧「養體」、「養志」、「致愛」、「致敬」四者，然其
中「致愛」、「致敬」尤其重要，原因無他，此乃是將「以父母之心爲心」
作爲最終目標，人倫秩序從事親做起，更具重要意義。許衡認爲兄弟之間
應該：

> 兄弟同受父母一氣所生，骨肉之至親者也。今人不明義理，悖逆天
> 性，生雖同胞，情同吳越，居雖同室，跡如路人，以至計分毫之利，
> 而棄絕至恩，信妻子之言而結爲死怨，豈知兄弟之義哉！(《魯齋遺
> 書》卷一，〈語錄上〉)

兄弟乃骨肉至親，如悖逆天性，同室操戈，或形同陌路，都是不知兄弟之義
的行爲，依許衡之意，此「兄弟之義」實乃人倫秩序下，每個角色所應有的

〔註4〕 孟子曾說上古聖王：「使契爲司徒，教以人倫：父子有親，君臣有義，夫婦有
別，長幼有序，朋友有信。」(《孟子·滕文公》)，許衡也認爲建國君民當以
「明人倫」爲先，所以不僅在政治上強調如此，也積極在教育上推行，他說：
「學則三代共之，皆所以明人倫也。司徒之職，教以人倫而已，凡不本於人
倫，皆非所以爲教。樹之君以立政，謹此教也；作之師以立教，教以此也。」
(《魯齋遺書》卷一，〈語錄上〉)

職分。此外，許衡論取友時則曰：

> 凡取友必須向正，當初磋琢磨，有益於己者。若乃邪僻卑汙，與夫柔
> 佞不情，相誘爲非者，謹勿近之。（《魯齋遺書》卷一，〈語錄上〉）

許衡認爲取友應該彼此切磋琢磨，相勸爲善，如果相誘爲非，就愼勿近之，此乃因朋友之間的互動，並非肇於血緣關係的基礎，故更應以倫理道德爲衡量標準，不可因循苟且。從上面的引文可知，許衡論及群己的關係時，多是先從建立此關係的原由說起，再進一步申論應該具備的互動模式。我們認爲，許衡對群己關係的理解，基本上是合乎儒家一貫的社會倫理秩序思想內涵，也就是說，許衡遵循著儒家有關維繫社會倫理秩序的原則，一一闡述不同的社會倫理地位，應有的分際。然而，除了面對有某種血親姻親或社會互動關係的人之外，身爲社會的一份子，是否有一套既可涵蓋原有的血親姻親等密切關係，又足以放諸四海而皆準，通行無礙的社會倫理應對法則呢？此處許衡透過經典《中庸》的詮釋，提出了「中庸」的觀念，做爲普遍的社會倫理應對法則。

本章第二節我們曾經強調，「中庸」是道德修養工夫的總綱領，而本節我們再次提出此理，則是重在突顯其社會倫理脈絡的意義，所以許衡認爲：

> 中者是天下共由的正道，庸者是古今常行不變的定理。如父子之親，夫婦之別，長幼之序，朋友之信，天下之人誰能不由此道理行。從古至今誰能變易得，所以說中者天下之正道，庸者天下之定理。（《魯齋遺書》卷五，〈中庸直解〉）

儒家認爲「中庸」之道乃維持社會倫理秩序的共則，許衡再次強調此理，並說明落實在具體的情境之中，應該是：

> 中庸是說事行得恰好之處。子思說人心本自廣大，君子不以一毫私意自蔽。以推致吾心之廣大，而于析理又必到那精微處，不使有毫釐之差；人心本自高明，君子不以一毫私慾自累，以推極吾心之高明而于處事，又必由那中庸處，不使有過與不及之謬。（《魯齋遺書》卷五，〈中庸直解〉）

許衡對「中庸」的體會，就是所謂「不使有過與不及之謬」，涉及群己關係的問題上，許衡又在自我修養的部分，做了一些準備的工作。此外，他也同時在人我互動的過程中，提出了處世的原則，前者就是「愼獨」，後者則爲「絜矩之道」。事實上，從道德實踐的意義上說，「愼獨」本是「中庸」的準備工

夫，就處世哲學而言，「慎獨」就是自我修養延伸，藉以過渡到以「中庸」爲普遍通則的群己關係之內：「絜矩之道」則是一套實踐法則，就是促使「中庸」之所以能做到「不使有過與不及之謬」要求的關鍵因素，以下我們就試著從處世哲學的角度，重新認識許衡所謂「慎獨」和「絜矩之道」的意義，及此兩者對「中庸」的關鍵性影響爲何？

許衡說：

> 君子之心既常戒懼，而於此幽暗之中，細微之事，雖人所不知，而己獨知之地，尤必極其審慎而不敢忽，所以遏人欲於將萌，而不使其潛滋暗長於隱微之中，以至離道之遠也。（《魯齋遺書》卷五，〈中庸直解〉）

許衡認爲君子「慎獨」的原因，乃擔心因人欲之萌，暗自增長，以至違道日遠而不知，所以戒慎恐懼於幽暗細微、不賭不聞之處。儒家認爲人們立身處世的價值根源，就是對道德理性的主動追求，從維繫社會倫理秩序的具體應用上說，即是道德實踐的堅持過程。因此，「慎獨」既是道德修養工夫，當然也是一種道德實踐的堅持過程，它是自我修養的工夫，也是貫徹於群己關係的基本路徑。換句話說，如果沒有做好「慎獨」的工夫，就談不上「中庸」，更別說建立良好的群己關係了。接下來，我們就可以進一步討論何謂「絜矩之道」了。事實上，「中庸」希望做到「無過不及」的地步，在社會倫理脈絡之中，「無過不及」似乎可以理解爲待人接物不採極端的立場，這樣的立場，該如何落實呢？我們認爲，許衡在詮釋《中庸》時所提到的「絜矩之道」，應該可以回答這個問題。

何謂「絜矩之道」？許衡的解釋是：

> 絜是度，矩爲方的器具，孝弟慈三件上行下效，可見人同此心，是指君子在上，必當因其所同推以度物，使天下之人各遂其願也。都盡得那個孝弟慈的道理，不可使他有一個不得其所，所以說君子有絜矩之道也。（《魯齋遺書》卷一，〈語錄上〉）

「絜矩之道」就是「推己及人」的恕，但君子的「絜矩之道」更有其維繫社會倫理秩序的動機，於是便有所謂「必當因其所同推以度物，使天下之人各遂其願也。」的說辭。我們曾經說過，儒家認爲社會倫理秩序的維持，在於各個角色因其所處的地位，發揮其功能，方能使社會倫理循一定的常軌運行，但是，如果涉及人與人之間的互動關係，恐怕就不是「自我的修養」可以道

盡了。「絜矩之道」就是指在社會倫理的脈絡之下，設身處地的思考群己的互
動關係，如果自己感受不佳，就不要施之於人，許衡相信，人同此心，心同
此理，如果大家都能夠以同理心對待他人，社會的成員因而互不相侵，各得
其所，社會倫理秩序就能循一定的常軌運作，國家社會才能做到長治久安的
地步。許衡依照經典的內容，解釋「絜矩之道」的實務工作為：

> 假如不欲在上的人以無禮使我，便以我的心度量在下的人，知他的
> 心與我一般，也不敢以此無禮使他。如不欲在下的人不忠于我，便
> 以我的心度量在上的人，知他的心與我一般，也不敢以此不忠事
> 他。（《魯齋遺書》卷四，〈大學直解〉）

許衡認為，如果社會倫理脈絡中的上下關係，是植基於一種設身處地的同理
心，上下的互動便因而和諧一般，無有絲毫差謬。這種設身處地的同理心，
一樣可以落實於日常生活之中。

> 如不欲前面的人以不善待我，便以我的心度量後面的人，也不敢以
> 此不善先加于他；如不欲後面的人以不善待我，便以我的心度量前面
> 的人，也不敢以此不善及于他。（《魯齋遺書》卷四，〈大學直解〉）

> 如不欲右邊的人以不善加于我，便以我的心度量左邊的人，也不敢
> 以此不善交于他；如不欲左邊的人以不善加于我，便以我的心度量
> 右邊的人，也不敢以此。（《魯齋遺書》卷四，〈大學直解〉）

總之，許衡相信，如果希望透過不偏不易的「中庸」之道，維繫和諧的社會
倫理秩序，就得從設身處地的同理心做起，如此一來，自我的定位因而確認，
而且從互動的關係之中，社會的成員均可各得其所。

　　如果我們將「絜矩之道」落實於日常生活之中，這種促進和諧「群己關
係」的原則，便可加以延伸，成為人我之間應對的基本觀念。許衡曾說：

> 責得人深者必自恕，責得己深者薄責於人，蓋亦不暇責人也。自責
> 以至於聖賢地面，何暇有工夫責人，見人有片善早仿學他，蓋不見
> 其人之可責，惟責己也。（《魯齋遺書》卷一，〈語錄上〉）

人應該先要求自己，再要求別人，自我要求之不暇，何能責求於人。這種說
法，突顯了兩層意義：一方面，許衡認為人應該做好自我修養的工夫，再將
此工夫的成果推及他人，但儒家一向對自我修養工夫，視為一種永無止境的
追求過程，正因如此，所以許衡主要還是強調自我修養的重要；另一方面，
由於儒家認為責人與求己兩事，常見此消彼長的現象，責人之殷必然無法顧

己之失，己若有失，何由責人？何由經世濟民？因此，許衡還是傾向推其本，重責己然後薄求於人，期與儒家內聖外王結合。所以他說：

> 自家不能有善而無惡，卻要去責人之善，正人之惡，這便是所存乎身的不恕了，如何能曉喻得他人，使他為善而不為惡，必無此理。（《魯齋遺書》卷四，〈大學直解〉）

自家有善而無惡，才能責人之善，這就是「推己及人」的恕道了。由此可見，從「絜矩之道」引申的「忠恕之道」，並不在於以善勝人，反而是勸人為善、與人為善，若處於橫逆之際，也不失其守，於是「如人以橫逆加于我，我心裏不欲他如此，則推己之心以度人，知道他的心與我一般，我也不以此橫逆加于人，這便是忠恕之事。」（《魯齋遺書》卷二，〈語錄下〉）。許衡論及群己關係時，主要還是以「中庸」的觀念做為總綱領，但落實「中庸」之前，須以「慎獨」為先，否則只是空談，以「中庸」為指導的原則下，更須以「絜矩之道」為準，在日常生活中切實踐履，其所發展出來的「忠恕」相應之理，就是這一貫的思想模式下的產物。

三、經世濟民

前文的探討中，我們得知許衡透過儒家傳統的思維模式，已逐步確立人們如何在社會脈絡中，透過自我的修養找出適當的地位和應負的責任，此外，他經由群己互動關係的界定，提出一套因應對待之道。但是，「自我修養」與「群己關係」的界定與實踐，不過是許衡處世哲學的前兩個階段，經世濟民，完成儒家內聖外王的整體事業，才是許衡念茲在茲的終極目標。因此，許衡的處世哲學當具有積極地入世精神，這是儒家思想的特色，也是有別於其他學派的部份。他曾論及老莊與儒者之別為：

> 老氏言道德仁義禮智，與吾儒全別。故其為教大異，多隱伏退縮，不肯光明正大做得去。吾道大公至正，以天下公道大義行之，故其法度森然，明以示人。（《魯齋遺書》卷一，〈語錄上〉）

在他眼中，儒家的道德仁義之說，乃是經世濟民的惟一良方，正由於儒學以正道公心為準，發為道德仁義之舉，故能正大光明，而非老氏隱伏退縮的小道可與之相擬。

許衡經世濟民的傾向，可從其政治的主張與教學的實踐中得知。本文前已論及，許衡入仕元廷，原有其經世致用的考量，故其進退之間，一以道為

準則，時刻以完成儒家內聖外王理想爲目標，並非爲干求利祿而委身異族統治，許衡處世哲學的發展，方可從自我修養爲起點，配合群己關係的經營，逐步建立長治久安的社會秩序。我們曾經強調，儒家的「內聖外王」思想，是重視由內而外的道德修養工夫具體實踐，所以在本文第二節之中，我們曾經依序討論了「自我修養」、「群己關係」、「眞知力行」三個部分，我們相信，其中有關「眞知力行」的觀念，就是許衡經世濟民的理論基礎。然而，與前兩者不同之處，「眞知力行」乃以依循社會倫理秩序爲起點，要求社會脈絡中的個人能對整個社會有所貢獻，它不似「自我修養」僅重在上應天理，而內求於發揚自我的道德理性，故其更具有外延性、客觀性；它也不同於「群己關係」只努力地遵循與維護社會倫理的秩序，而規規然信守對社會道德規範的承諾，故其更具有自發性、能動性。換句話說，「眞知力行」的道德修養工夫爲基礎的處世哲學，雖然植基於「自我修養」、「群己關係」的認識與實踐，卻更具有外延性、客觀性，與夫自發性、能動性，此外，又不斷地以福國利民，長治久安爲目標，所以本文將這種處世的哲學，稱之爲「經世濟民」的哲學。

　　許衡基於這種信念，便在政治上有十分積極的表現，他上《時務五事》，倡言「行漢法」、「中書大要」、「爲君難」、「農桑學校」、「愼微」諸事，言論之中，均以經世濟民爲念。此外，他更積極投身於政治制度的改革與建立，如定朝儀、立官制、重建國子學規模，又參與編修《授時曆》等，這些都是他具體參與政治事務的例子，也是他經世濟民的具體事蹟。許衡爲何有此經世濟民的用世思想呢？我們可以從他對歷史人物的考評略見端倪。他曾說：「不問利害只求義理，孔明見得眞，當時只以復漢討賊爲當然，至於成敗利鈍，非臣之明所能逆睹，歸之天而已，只得如此做，便是聖賢之心，常人則必計其成敗利害也。」（《魯齋遺書》卷一，〈語錄上〉），許衡對諸葛亮的評價極高，然其盛讚諸葛亮的主要原因，就是在堅持義理之當行，而不拘執於成敗利鈍的結果，以諸葛亮的時代任務而言，所謂「復漢討賊」就是他責無旁貸的使命，許衡認爲他能一往無前，求仁得仁，足資後世效法。回到元初的時代環境，許衡這段文字未嘗不可視爲是對自己生命事業的一種期許，以許衡而言，他自覺時代環境所賦予他的使命，就是在異族的統治下，依循儒家內聖外王的理想，再造長治久安的國家社會。從認識這個使命開始，他積極的廣泛學習，揉合改造所繼承的程朱之學，且思考時代環境的需要，建立自

我的倫理道德價值體系，用以經世致用、教化萬方，凡此種種，都可視爲許衡基於「經世濟民」的熱情，落實於具體情境的努力。

許衡既以「經世濟民」爲念，所以他說：「天地間當大著心，不可拘於氣質，局于一己，貧賤憂戚不可過爲損穋，貴爲公相不可驕，無入而不自得也。何欣戚之有。」(《魯齋遺書》卷二，〈語錄下〉)，以道爲原則，故能無入而不自得，故許衡認爲「貧賤憂戚不可過爲損穋，貴爲公相不可驕」。因爲他相信「天下只問是與不是，休問樂與不樂，若分明知得這壁是那壁不是，雖樂亦不從也。」(《魯齋遺書》卷二，〈語錄下〉)，有此堅持，方能眞正做到「無入而不自得」的地步了。此外，許衡不僅以身作則，也希望影響主政者認同「經世濟民」的理念，他說：

> 民生有欲，無主乃亂。上天卷命，作之君師，必予之聰明剛斷之資、厚重包容之量，使之首出庶物，而表正萬邦，此蓋天以至難任之，非予之可安之地而娛之也。堯舜以來，聖帝明主莫不兢兢業業、小心畏愼，日中不暇、未明求衣，誠之天之所畀至難之任，初不可以易心處也。知其爲難而以難處，則難或可易；不知爲難而以易處，則他日之難，有不可爲者矣！(《魯齋遺書》卷七，〈時務五事〉)

許衡在《時務五事》這篇策論中，一再強調古代的聖帝明主深體「天以至難任之，非予之可安之地而娛之也」，所以經國牧民之時「莫不兢兢業業、小心畏愼，日中不暇、未明求衣，誠之天之所畀至難之任，初不可以易心處也」。許衡的說詞，若以儒學的內涵而言，不過是老生常談，但在元初蒙古入主中原之時，儒教的不斷宣揚，對不識禮樂教化的異族統治方式，常能發揮一定的影響力。故歐陽玄曾評論許衡的努力成果爲：

> 先生之於道統，非徒托諸言語文字之間而已也，蓋自愼篤之功克，而至於天德王道之緼，故告世祖治天下之要唯在王道，及問其功則曰三十年有成，是以啟沃之際，務以堯舜其君，堯舜其民爲己任，由其眞積力久，至誠交孚，言雖劊切，終無以忤。(《魯齋遺書》卷十四，〈神道碑〉)

上段引文中，歐陽玄認爲許衡對道統的延續，並非在文字中表現，所謂「三十年有成」，就是基於其對元朝特性的了解，提出一連串的經世建議，而他主要的目的，則是傳統儒家不變的「堯舜其君，堯舜其民爲己任」的「內聖外

王」思想。

　　許衡「經世濟民」的處世哲學，也見於其教化志業之中。爲何教化的志業會與經世濟民的理想有所關連？事實上，由於強烈的入世傾向，儒家的教育事業從未自外於政治的實踐中，所以儘管教育的方式有別，無論官學或私學，都希望對實際的政治有所裨益。一般而言，前者多是培養未來的施政人才，後者則是就在野的立場批評時政。許衡重建國子學的規模，自始就以培養未來施政人才爲目的，在這個原則下，他希望學生接受儒家的道德教化，同時積極爲未來的「內聖外王」事業作準備，而且這個想法，無論蒙漢，一視同仁。他說：「蒙古生質朴未散，視聽專一，苟置之好伍曹中，涵養三數年，將來必能爲國家用。」（《魯齋遺書》卷十三，〈國學事跡〉），基於這種訴求，他在教學的過程中「嘗問諸生此章書義若推之自身，今日之事，有可用否，大凡欲踐其行，不貴徒說也。」而且要求學生在自我修養之時，「凡求益之道，在於能受盡言，或議論經旨，有見不到；或撰文字，有所未工，以至凡在己者，或有未善，人能爲我盡言之，我則致恭盡禮，虛心而納之，果有可從，則終身服膺而不失，其或不可從，則退而自省也。」（《魯齋遺書》卷一，〈語錄上〉）。有此基本的教學與學習原則之後，他認爲經史的學習，絕非僅是知識性的背誦，應該將其落實在具體的生活之中。許衡認爲要以歷史人物爲鏡，並將所得加以應用，目的就是爲未來的「經世濟民」作準備，這種學習的模式，配合經典的交互學習，更具成效，他說：

> 閱子史必須有所折衷，六經、語孟乃子史之折衷也。譬如法家之有
> 律令格式，賞功罰罪合於律令格式者爲當，不合於律令格式者爲不
> 當，諸子百家之言，合於六經語孟者爲是，不合於六經語孟者爲非，
> 以此夷考古之人而去取之，鮮有失矣！（《魯齋遺書》卷一，〈語錄
> 上〉）

以六經、語孟爲子史折衷，「以此夷考古之人而去取之，鮮有失矣！」原因就在於許衡堅信「眞知」就是明所折衷而去取之，而不拘於章句訓詁之習，確實踐履，方可完成經世濟民的事業。

第六章　許衡倫理道德價值體系的建構
（二）──政治思想與實踐

　　從知行關係上說，由於儒家的學術基本性格是入世的，所以對一個儒者而言，其政治思想與實踐的關聯性之強，自不待言。許衡是元初的一位儒者，政治思想在他的學術體系，乃至生命事業中，都佔有十分重要的地位，本章就是試圖探討有關他在政治思想與實踐上的成果。然而，正因其身處特殊的時代，政治思想的形成和發展除了踵武前賢之外，應該還有更多的因應與調適，所以我們並不願意只是條列式的展現他思考了哪些問題，又如何將之付諸實行而已。雖然，這些都是我們不能忽略的重點，但此舉僅是表面性的呈現歷史現象，實在無法系統化的展現許衡政治思想的重要內涵。那麼，本章該採用哪種方式呈現許衡的政治思想和實踐呢？以及由何種思考路徑切入探討呢？

　　經由前述各章的了解，我們確定許衡善於繼承朱熹之說，在各個理學的範疇上多有涉獵，卻又以十分簡要的方式呈現，總的來說，他所有的思考都指向倫理道德的價值體系上不斷的深化、涵溶。再者，更由於許衡所處的時代特殊，當時儒者也普遍表現經世致用的意願和行動，許衡在這樣的同儕氣氛之下，也自覺地在倫理思想內的「內聖外王」兩者範疇之中，結合「內聖」的工夫，更積極地選擇偏向「外王」事功的建立。因此，許衡的政治思想就是在倫理道德價值的架構中，朝向經「內聖」工夫而特重「外王」事業的實踐結果。

　　經由前面的討論，我們相信，許衡政治思想的方向是植基於倫理道德的價值體系，然而，是何種原因造成這樣的結果？我們認為，本文討論時與其

採用繁複的政治表現和思想成因一一對應的方式，不如從許衡自覺的繼承儒家思想的主觀意願，以及積極因應時代變局的客觀考慮上探討，方可歸納出許衡政治思想與實踐的關係，本章就試著同時從這兩個角度探討許衡的政治思想。這種做法，一方面可以突顯許衡思想脈絡中縱的聯繫，也同時彰顯其因時空環境而有橫的關照，在結合兩者所歸納而得的內涵後，接著，便可以以之為詮釋的基礎，進一步解讀許衡在政治實踐上所做的努力了。

許衡政治思維乃直承儒家思想，最關鍵處是在以倫理道德觀念為基礎的政治思維，這個部分幾乎是許衡政治思想的核心成分，然而，為什麼許衡可以拿倫理觀念做為政治思想的基礎？兩者是何種關係？儒家所指的「倫理道德」，應該是包含君臣、父子、夫婦、兄弟、朋友等社會關係，以及相應於這些關係的種種規範，因此，政治的問題也在社會倫理的脈絡之中。再者，儒家認為社會倫理的秩序就是政治良窳的重要課題，所以儒者常倡導從人倫關係的認識做起，是維繫國家長治久安的不二法門。此外，儒家也相信社會中的成員，如能做到道德修養的自我要求，影響所及，個人、家、國乃至天下均可達到大同境界。因此，許衡的政治思想是倫理道德觀念的一部份，也必須在倫理道德的價值體系中發展，這是儒家政治思想的特色。

前述許衡的政治思想中，有關倫理道德價值體系下的「內聖」與「外王」兩部分，就是在上述三個前提下形成的。除此之外，涉及傳統諸如「德」與「力」、「夷夏之辨」等「道統與治統」政治思想論題，以及關乎君臣地位原則的「君道與臣道」等問題，也是在這些前提下發生作用。尤有甚者，在論及政治思想實踐中必須強調的「制度化」機制，也是以上述三個前提為基礎，發揮倫理道德的價值意義，方能提供一長治久安的政治環境。本章首先梳理許衡倫理道德觀念在政治思想的發展意義，才進一步探討諸如「道統與治統」、「君道與臣道」、「政治思想的制度化」等範疇，此乃順應上述許衡政治思維邏輯的探討方式。

對許衡而言，上述的論點不僅僅是儒家思想的繼承，也是因應時代變局所做的努力。元朝是以異族入主中原的王朝，其風俗習慣、文化背景與中原文化大異，許衡等儒臣就像傳道者一樣，殫思竭慮地負責宣揚儒家教義，而本身又是實踐者，為新的政權謀猷擘畫，可見其勤苦之甚，然其最終目的，還是為建立一個儒家理想的太平樂土，不僅許衡如此，也是當時儒臣們的共同願望。總之，本章將以「倫理觀念的延伸」、「道統與治統」、「君道與臣道」、

「政治思想的制度化」等四個範疇，逐步揭示許衡政治思想與實踐的內涵，同時，又以許衡如何縱向的在儒家傳統觀念的繼承，以及橫向的因應時局所做的調適和努力兩者，做為討論前舉四個範疇的敘述原則，藉此希望能儘量完整地呈現許衡政治思想與實踐的義涵。此外，順著本文第一章所述之的「基源問題」研究方式，配合本章所欲採用的討論原則，或許我們可以大膽假設，有關許衡政治的理想與實踐，他提出來「基源問題」應該是：「如何透過政治理想的宣導，以及實務工作的制度化，完成儒家內聖外王的理想？」

第一節　倫理觀念的延伸

儒家的思想原本以建立和諧的社會倫理秩序為宗旨，故其學術的體系，始終是圍繞著倫理道德的價值核心，但因學術傳承與所處的環境雙重影響，儒者對此核心觀念就有不同的體會。即便如此，儒家學術落實在政治思想與實踐之中，倫理道德的思想還是幾乎掌控了政治觀念的內涵，這是我們必須要先有的認識。其次，宋明理學的發展過程中，將先秦儒學有關「自然觀」與「心性論」的聯繫，賦予了形上學的內涵，因此，儒家在倫理道德價值觀上的衡定，又添加了某種「天人合一」的成分，至此，倫理道德的價值標準就融入了豐富的形上意義，政治的理想與實踐，也不能忽略「天人合一」的形上依據〔註1〕。再者，儒家透過倫理道德的思維方式，架構出一套成熟的學術思想體系，卻絕非以此為滿足，他們堅信，讀書求學問重在積極地投入經世的行動，學問必須通過實踐的考驗，才是真理。是故，「經世致用」才是一個儒者不變的夢想，涉及政治的思想與實踐的部分，本身就是一個具體的例證，但我們仍需透過「內聖外王」的觀念，才能較為明確的說明儒者心目中的看法。

事實上，我們認為許衡在政治思想與實踐上的思維邏輯，就是順著這套

〔註1〕 錢穆認為：「由宋儒的宇宙論轉落到人生論，在其動進向前以至於天人合一之一切實踐與活動，則與孔孟原來主張無別。……宋代理學家皆求在儒家人生論上安裝一宇宙論。」（見〈易傳與小戴禮記中之宇宙論〉一文，收入《中國學術思想論叢》（四），台北：東大圖書公司，1991年），依錢穆之意，宋儒雖在儒家人生論上安裝一宇宙論，但未曾悖離儒家原旨，其關鍵之處，就是宋儒將「天人合一」做為連繫宇宙論與人生論的樞紐，因此，「天人合一」之說上通宇宙論，下貫人生論之中，社會倫理脈絡自然也籠罩其中，本章談政治思想與實踐也就不能脫離這個範疇。

模式而發的，對許衡而言，一套徹上貫下的倫理道德思維模式，就是政治上理想與實踐的不二法門。本節順著這樣的模式，分別探討諸如「政治思想的形上依據」、「倫理化的政治思維」、「內聖與外王」等三個論題，一一揭示許衡如何將倫理道德的內涵，移植到政治的理想與實踐，並成為異族統治下，能夠因應時局、用夏變夷的最佳選擇。

一、政治思想的形上依據

如前所述，許衡將傳統儒家思想加深加廣，分別從「自然觀」內涵的深化，以之做為「心性論」的形上基礎；又將「格物致知」的思想，結合「自然觀」與「心性論」的思維，為「知行」的關係提供堅實的理論後盾，也賦予了實踐工夫的指導原則，許衡的政治思想與實踐，也未脫離這個學術的思維範疇之中。此外，許衡的「自然觀」與「心性論」為他的政治思想和實踐，的確提供了「知行」意義上的理論基礎，以及實務工作上的指導原則，但是這些聯繫，都應該在其倫理道德的價值體系上，才是有意義的組合。換句話說，我們如果想要了解許衡的政治思想與實踐，必須先由支持這套思維的理論基礎開始，以許衡的思維模式而言，其根源處就在於「自然觀」的形上依據。

事實上，宋儒已將儒家傳統政治思想深化，提供了社會倫理關係的「自然觀」解釋。例如張載說：「乾稱父，坤稱母……。大君者，吾父母之宗子；其大臣，宗子之家相也。尊高年，所以長其長；慈孤弱，所以幼其幼。聖其合德，賢其秀也。凡天下之疲癃殘疾，孤獨鰥寡，皆吾兄弟之顛連無告者也。於時保之，子之翼也；樂且不憂，純乎孝者也。」（《張載集·西銘》）。一句「民吾同胞，物吾與也」道盡儒者的人文關懷，也發展了「天人合一」的內涵。當然，這種傾向並非自兩宋開始，漢儒董仲舒就說「君臣父子夫婦之義，皆與諸陰陽之道。君為陽，臣為陰；父為陽，子為陰；夫為陽，婦為陰。」（《春秋繁露·基義》），但兩宋理學勃興之後，便將這種「天人合一」的觀點，揉合社會倫理意義而更具人文精神，理論架構也更加精緻化了。

儒者將「天人合一」的觀念用來做為政治思維的形上依據，並非偶然。自古政教二分的時代，國家的統治者得奉神諭而統理萬民，後來政教合一，統治者自稱為「天子」，稱孤道寡，即是正式以宗教輔助政治統治的合法性。周代殷商而起，「天命靡常」的觀念促成統治者常懷「憂患意識」，因而產生

令人激賞的「人文精神」運動〔註2〕，但「君權神授」觀念未改，後世之君常見口稱「奉天承運」，群臣也敬誦「天作聖君」名號，實則荒淫無度、不理朝政，甚至陰狠暴戾、殘國蠹民者多有之。此時所謂的「憂患意識」只是一種口號，成為增加其統治合法性的工具而已，而政治倫理關係的建立，不過是取決於一人的好惡，全無客觀的力量可以制衡。

儒者面對這種情形，深知一人之好惡不足以造成平明之治，君權必須加以制衡，他們相信，制衡的力量就得來自於天，而且必須發展出一套新的詮釋內容，才能發揮制衡的力量。儒家認為「天」的意志是人世間遵循的唯一準則，解釋天意的人不是只有天子，惟有道德崇高，能上與天合一的聖人，才能了解天的意志，而此意志為人世間君臣民所共守，是不可違逆的最高法則。因此，儒家將主政者奪自於巫祝的天意解釋權取回，其用意在於限制君權，也同時將儒家政治思想合理化，在這個立場上說，儘管漢儒與宋儒「自然觀」的立場並不相同，實因其對天人的看法有其根本的差異〔註3〕，但期望造成儒家理想政治境界的苦心，卻是一致的。

元儒許衡將天地陰陽二氣之說，做為社會倫理關係的形上依據，他說：「萬物皆本於陰陽，要去一件去不得，天依地，地附天，如君臣父子夫婦皆然。」（《魯齋遺書》卷一，〈語錄上〉），社會倫理關係既與天地相依關係同，社會倫理的法則也當效法天地，於是：

> 天下皆以陽者為天為君為夫，陰者為地為臣為婦，陽尊而先下求於陰，天先乎地，君先乎臣，夫先乎婦者，合乎理也。其在下陰求乎陽，止有二焉：一則為臣在遭難中不能自保者；一則童蒙求師發蒙

〔註2〕 「憂患意識」這個看法，是徐復觀在《中國人性論史》（台北：台灣商務印書館，1999年）中最早提出的，他對「憂患意識」的界定是：「憂患與恐怖、絕望的最大不同之點，在於憂患心理的形成，乃是從當事者對吉凶成敗的深思熟考而來的遠見；在這種遠見中，主要發現了吉凶成敗與當事者行為的密切關係，及當事者在行為上應負的責任。憂患正是由這種責任感來的要以己力突破困難而尚未突破時的心理狀態。所以憂患意識，乃人類精神開始直接對事物發生責任感的表現，也即是精神上開始有了人地自覺的表現。」他認為周初人文精神的躍動，正是基於此「憂患意識」而來的。

〔註3〕 李澤厚對漢儒與宋儒在講「天人之際」時，提出幾個界分點，可以供做我們參考，茲列述如下：漢儒是講「天人感應」、具有反饋功能的機體系統、是屬於真正的宇宙論、倫理學從屬於宇宙論；宋明理學則的「天人合一」是「心性之學」、不是真正的宇宙論、宇宙論是從屬於倫理學的。（見〈宋明理學片論〉一文，收入《中國古代思想史論》，台北：風雲時代出版社，1990年）

者，除此者皆不可言求也。(《魯齋遺書》卷二，〈語錄下〉)

君臣之道、夫婦之別，順乎天理，因而也為國家的正當性，以及社會倫理秩序的合理性，提供了理論的根據。既然如此，許衡進一步將社會倫理的觀念內化，成為天賦予人的自然觀念，人應該效法天道，所以「五常性也，天命之性，性分中之所固有，君臣、父子、夫婦、長幼、朋友所行之道也，率性之道，職分之所當為。」(《魯齋遺書》卷一，〈語錄上〉)，「率性之道，職分之所當為」是指五倫之事為天理之必然，人既受天所命，就應恪守天道，堅持倫理的份際。

許衡說：

> 明倫，明者明之也，倫者倫理也。人之賦命於天，莫不各有當然之則，如父子之有親、君臣之有義、夫婦之有別、長幼之有序、朋友之有信，乃所謂天倫也。(《魯齋遺書》卷三，〈小學大義〉)

人生於天地之間，因其所處的地位，而有相應的準則，「父子之有親、君臣之有義、夫婦之有別、長幼之有序、朋友之有信」等，即是就人所處的地位談應有的份際。可是，為什麼相對的地位就要有某種份際呢？儒家認為社會相對的地位間，不只是一種名份的確定，卻代表著某種實際的權利義務關係，這些權利義務，全然是由倫理道德衍生，實與現今西方政治學中對立兩造的權衡觀念大不相同，其關鍵處就在於西方政治思維及法家式的思維上常強調外在的控制，儒家卻主張內在的體認天理，認清自己應有的份際與使命。就政治現實上說，國君與萬民的關係雖然是上下對立的，儒家卻不斷提醒著國君天賦的使命，此即是超乎外在控制的內在體認。許衡解釋國君的使命時說：

> 生民有欲，無主乃亂。上天眷命，作之君師，必予之聰明剛斷之資、重厚包容之量，使之首出庶物，而表正萬邦，此蓋天以至難任之，非予之可安之地而娛之也。堯舜以來，聖帝明王莫不兢兢業業、小心畏慎，日中不暇、未明求衣，誠知天之所畀至難之任，初不可以易心處。知其為難而以難處，則難或可易；不知為難而以易處，則他日之難，有不可為者矣！(《魯齋遺書》卷七，〈時務五事〉)

許衡認為國君的存在價值，不只是一個前呼後擁、坐享富貴的統治者，而是上天派來導正風俗、教化萬方的君師，以一人之力企圖匡正天下，任重而道遠，故聖帝明王戰戰兢兢，實在有感於天所賦予之重任，不敢懈怠。

　　聖帝明王敬畏天之重託，故積極進取，亹勉從事，政治措施在順應天道，即使遭逢天變災異，仍一切以百姓心爲心，別無妄念。許衡說：「三代而下稱盛治者，無若漢之文景，然考之當時天象數變，如日食、地震、山崩、水潰、長星、彗星、孛星之類，未易遽數。……獨文景克承天心，消彌變異，使四十年間，海內殷富、黎民樂業，移告訐之風、爲淳厚之俗，且建立漢家四百年不拔之基，猗歟偉歟，未見有此也。」（《魯齋遺書》卷七，時務五事），文景不惑於天變，仍戮力於使萬民安和樂利、移風易俗，其關鍵處，就在於二帝能「克承天心，消彌變異」。許衡認爲後世之君，不明此理，損人益己，悖亂天道，終於難逃衰亡的命運，他有一段話是特別描寫這種情形的：

> 天之樹君，本爲下民，故孟子謂民爲重，君爲輕。書亦曰天視自我民視，天聽自我民聽。以是論之，則天之道恒於下，恒在於不足也。君人者不求之下而求之高，不求之不足而求之有餘，斯其所以召天變也。變已生矣！象已著矣！乖戾之機已萌而不可遏矣！猶且因仍故習，抑其下而損其不足，謂之順天，不亦難乎？（《魯齋遺書》卷七，時務五事）

許衡從「自然觀」的內涵中，建構出一套社會倫理的形上思維，政治的關係涵攝於社會倫理的體系之內，所以自然法則的觀念，也在政治思想上發揮功用。我們承認理學家有關政治的形上思維，就統治階層而言，增強了其政權的合法性，也鞏固了社會倫理的上下關係，因此，儒家常被認爲是傳統封建統治的擁護者，而許衡的言論之中，似乎也透露這種訊息。但，那只是第一步的認同，卻不是最終的目標，前文中，許衡不斷告誡統治者天作君師之意，就是希望藉由統治者的覺醒，達成儒家理想的大同世界，所以我們只能說許衡同其他儒者一樣，對傳統政體下的統治者仍有許多期待，絕不是無意識地擁護某些傳統的威權而已。

二、倫理化的政治思維

　　在討論許衡倫理觀念與政治思想的關聯性之前，儒家以倫理體系爲核心，並以延伸至政治思想的思考模式，必須加以辨明。孟子認爲：「……使契爲司徒，教以人倫：父子有親、君臣有義、夫婦有別、長幼有序、朋友有信。」（《孟子・滕文公》），可見儒家相信實際政治中的君臣關係是歸屬於人倫的體系之中。所以，儒家講人之大義，也將君臣對應原則納入，《禮記》中有「何謂人義？父慈、子孝、兄良、弟弟、夫義、婦聽、長惠、幼順、君仁、臣忠。

十者謂之人義。」(《禮記‧禮運》),就是說明這個道理。於是,從天下、國、家到個人,人與人之間遠近親疏關係,無論是建立在自然血源的基礎,還是透過某種社會網絡的聯繫,所構成的上下姻親同儕歸屬關係,都被視為社會倫理體系中的一環。個人的存在意義與價值,就必須在這個社會倫理價值體系中被認可,道德的行為,則是可以在此體系中因自我存在價值的認可,進而成為達到「自我實現」目標的惟一選擇〔註4〕,吾人常以倫理道德合論,就是基於這樣的認識,所形式的結論。

個人既然可以從倫理價值體系之中,藉著道德的修養與踐履,得到自我生存價值的認可,所以也在過程中透過與倫理體系中的他人互動,持續追求「自我實現」的目標。個人組成家,許多家組成國,國的組合就是天下,而儒家認為個人經「自我實現」後,身心皆可得到安頓,影響所及,家、國、天下也隨之得到安頓,否則必然混亂失序,民不堪命。是故「克明俊德,以親九族;九族既睦,平章百姓;百姓昭明,協和萬邦。」(《尚書‧堯典》),而《大學》所謂「古之欲明明德於天下者,先治其國;欲治其國者,先齊其家;欲齊其家者,先修其身……身修而後家齊,家齊而後國治,國治而後天下平。」(《禮記‧大學》),更是有層次、有條理的說明四者之間緊密的關係性。在倫理價值體系之中,既然個人自我追求實現的意義非凡,所以儒家要求組成社會的所有成員,所謂「自天子以至庶人,壹是皆以修身為本。」(《禮記‧大學》),都應該藉著道德的修養,在倫理價值體系中找到自己存在的意義,不斷追求自我的實現,才能建立一個理想的社會環境,政治問題的思考,也是從此處而發的。

許衡也繼承這樣的看法,而且成為其政治思想的重心,他說:「父子之有親、君臣之有義、夫婦之有別、長幼之有序、朋友之有信,乃所謂天倫也。」(《魯齋遺書》卷三,〈小學大義〉),社會倫理體系中的各個成員,必須認清自我的定位,做出合宜的行為,許衡將這個社會倫理法則,賦予形上依據,更增加說服力,但其出發點仍是放在政治社會的實際事務之上。依前所述,

---

〔註4〕 有關「自我實現」的概念,我們是採取杜維明的說法,他認為:「人的結構本來就有無限的生長潛能和取之不竭的發展資源。……從終極意義上看,自我的實現就意味著天人合一的充分實現。但是,達到這一步的方式,永遠不應被理解成在孤立的個人與上帝之間建立一種關係。自我,做為人類群體中種種關係的中心,必須認識到它是整體存在的組成部分,因此,它必須通過切身之物為自己開闢道路。」(《儒家思想》,台北:東大圖書公司,1997 年)

儒家認為，個人存在的價值和意義必須從社會倫理上認可，「自我實現」的追求也在這個前提下進行，個人因其處於社會倫理的網絡之中，故其如果能從道德修養做起，主動進行自我實現的工夫，旁人會因而受惠，整個社會倫理秩序井然，此為大同境界。反之，如果社會中的成員，不從倫理的定位中認可自我存在的意義，倒行逆施，不僅自己受害，整個社會也因而失序，至此禍亂相尋，永無寧日。所以許衡就說：

> 人而不能明人之倫理，則尊卑上下輕重厚薄，淆亂而不可統理，其
> 甚者，至於父不父、子不子、君不君、臣不臣，夫婦長幼朋友，各
> 不居其夫婦長幼朋友之分，豈止淆亂而不可統理，將見禍亂相尋，
> 淪於禽獸而後已。（《魯齋遺書》卷四，〈小學大義〉）

政治的問題含括於社會倫理價值體系之中，所以社會倫理失序就很容易形成政局混亂，上述所謂「禍亂相尋」就是一個明顯的政治問題。因此，政治上的脫軌也就是社會倫理失序，兩者討論的都是相同的問題，儒家從來沒有將此兩者分開論述，本文探討許衡的政治思想與實踐，也是在倫理道德的價值體系下申論，惟有如此，才能符合許衡的思想內涵，也是儒家一貫的思維模式。

綜上可知，儒家政治思想與倫理觀念的關係十分密切，因為儒家倫理的關係涵蓋了政治關係，倫理的道德操守也應用在政治的措施上。所以，一個在倫理道德上能「自我實現」的人，他在實際的政治作為也是能孚眾望的，所以「有子曰：其為人也孝弟，而好犯上者鮮矣。不好犯上而好作亂者，未之有也。」（《論語·學而》），推而廣之，一個仁愛遍及周遭的人，甚至可以擁有天下，此即「老吾老以及人之老，幼吾幼以及人之幼，天下可運於掌……故推恩是以保四海，不推恩無以保妻子。」（《孟子·梁惠王》）。由於儒家相信政治結構應該模擬倫理結構，所以倫理的道德表現，與政治的實際作為等同〔註5〕，因此「在下位不獲乎上，民不可得而治也。獲乎上有道，不信乎朋友，不獲乎上矣；信乎朋友有道，不順乎親，不信乎朋友矣；順乎親有道，反諸身不誠，不順乎親矣。」（《禮記·中庸》）。質言之，身為天下國

〔註5〕孫廣德歸納儒家政治思想特性，認為儒家的政治結構是模擬倫理結構，而且有以下幾點特性：政治為倫理之擴大；政治為倫理一環；倫理為政治之基礎；治者與被治者是親屬關係；政治即是倫理等。（《中國政治思想專題研究》，台北：桂冠圖書公司，1999年），我們認為孫氏的說法，也適用許衡的政治思想，所以特別借用其說以茲說明。

家的一份子，都必須遵從社會倫理的道德規範，籠統的說，就是從「修身」做起，所以《大學》強調「自天子以至於庶人，壹是皆以修身為本。」正是這個原因。

　　儒家的倫理觀點是由傳統封建氏族社會發展而來，經由不斷的演化調適，所以對儒者而言，這套倫理道德的價值體系，完全可以套用在中國傳統社會各種領域，政治層面尤其如此，而周初的封建社會就是醞釀這種思考方式的沃土。自秦漢以來，大一統國家所帶來的郡縣體制，顯然不曾動搖儒者堅持這種思維的信念，久而久之，經由國家認可，儒者師友間的相傳誦，甚至可以說是國家合理化的一個必經步驟〔註6〕。因此，每當新朝肇興，儒者即是藉由此倫理道德的價值體系，建構出一套政治的思想規模，作為帶動國家邁向某種儒家所認同的正當性之憑藉。許衡正逢元朝新創，百廢待舉，又因其為異族入主中原，許衡所面對的，不僅是新朝的合理化，還必須經歷蒙漢意識型態的矛盾鬥爭，所以意義重大。然而，如何才可以在倫理的價值體系中，建構出一套政治的思想規模呢？是否必須經歷某種轉化的過程呢？這個答案是肯定的，從倫理道德的價值體系，過渡到政治的思想與實踐，其間並非直線的聯繫，而是經歷「內聖」到「外王」的循環性發展過程。

三、內聖而外王

　　對儒者而言，「內聖」與「外王」並非兩個對立的範疇，實則關係密切，因為：「內聖」是「外王」的必經過程；「外王」是「內聖」的最終目標。原本政治的思想只是倫理觀念的延伸，政治結構也只是倫理結構的組成要素，因此，我們可以這麼說，儒家的政治思想，不過是倫理思想的一個範疇，充其量，不過是借倫理觀念，做了某種程度的延伸罷了。如果，我們加上「內聖」到「外王」的轉化，倫理與政治思想的關係就不只是主從的區分而已，這是因為，社會倫理的觀念是重視由「內聖」而「外王」的歷程，強調由內而外倫理架構的充實擴展；政治思想則是回頭關注「內聖」對「外王」事業

〔註6〕知識份子在形塑「國家」概念的過程中，會逐漸將合理與不合理的層面都浮現出來，最後形成並安立於某一共同接受的概念之下，但此概念並非永恆不變，而是從國家本身的存在和運作中，不斷重構某些事實和概念。（相關論述詳見王健文，《奉天承運》，台北：東大圖書公司，1995 年）。我們認為歷代的儒者，就是透過這種歷程，不斷為國家合理化而努力的，本文所提到的許衡，他在繼承儒學傳統與轉化調適以因應時局上，也付出了很大的努力。

的助益和影響。

倫理與政治兩者都是環繞著「內聖外王」的範疇討論問題，倫理思想重在「內聖」工夫如何完成，及其對整個「外王」倫理秩序維持的意義；政治思想則是從「外王」問題的思考起，轉而關切「內聖」工夫對外王事業的影響，甚至在某些特定的「外王」事業的要求下，將原有的「內聖」工夫做某種程度的調適與強調。譬如許衡提到：

> 自古及今，天下國家惟有個三綱五常，君知君道、臣知臣道，則君臣各得其所矣！父知父道、子知子道，則父子各得其所矣！夫知夫道、婦知婦道，則夫婦各得其所矣！三者既正，則他事皆可爲之，此或未正，則其變故有不可測知者，又奚暇他爲也。（《魯齋遺書》卷一，〈語錄上〉）

許衡認爲應該從三綱五常的關係中，找到天下國家長治久安的基礎，而不是一開始就陷入枝尾末節的事務之中。然而，由於儒者對「內聖」、「外王」的關注點不同，思考的方向也隨之有異，但「內聖」與「外王」的交互關係，絕對是討論倫理體系對政治思想形成過程中，必須強調的關鍵因素。

儒家認爲從「內聖」到「外王」的一切努力，都是一個知識份子責無旁貸的使命，所以論天下國家，必從道德修養做起，方可達到修齊治平的理想。但是站在政治思維的立場下，倫理觀念中所構築道德修養科目，就成爲要做到治國平天下理想的必要手段。朱熹曰：「且令自家心正了，然后於天下之事，先后緩急，自有次第，逐施理會，道理自分明。……財貨源流是如何？兵又如何？民又如何？陣法又如何？此等事固當理會，只是須識個先后緩急之序。」（《朱子語類》卷七十三），朱熹將政治的問題，還原成某些道德修養之事，道德修養既成，各項事務之先后緩急、本末輕重自然安頓。許衡也循著這個思考的路徑，爲平治天下國家指出一條道德修養的基礎，他說：

> 孔子道脩身在正心，這的是大學裏一個好法度，能正心便能脩身，能脩身便能齊家，能齊家便能治國，能治國便能平天下，那誠意格物致知都從這上頭做根腳來。大概看來，這個當於正心上一步一步行著去，一心正呵，一身正，一家正，一國正，這的便是平天下的體例。（《魯齋遺書》卷三，〈大學要略〉）

許衡的另一段文字，也呼應這種看法：「凡人心既正了，身又脩得正，在一家之中，爲父者慈，爲子者孝，一日在朝廷爲官，決忠於君，在家兄弟和睦，

在外與人做伴當老實，心裏慈愛，覷著百姓，恰似覷著家裏孩兒，每一般只要教百姓快活，便是自己快活一般。」(《魯齋遺書》卷三，〈大學要略〉)，因爲人心得其正，人倫秩序各得其正，人民安居樂業，國家自然長治久安。

　　前述可知，許衡繼承儒家傳統的倫理政治觀點，逐漸轉化出屬於自己的政治思想。接下來我們就要繼續探討，這樣的思想在元初的時代環境之下有何特殊意義？我們知道，蒙古人原有的文化傳統、風俗習慣大異中國，尤有甚者，蒙古草原部落的奴隸制度下階級森嚴，再加上異族統治奴視被征服者的心態，使得蒙古人從草原部落的攻取掠奪時期進而以中原正統王朝自居的歷程，是經過一番長時間的轉化調適，在這個過程中，儒臣們就經常扮演著十分積極的角色。元世祖是加速蒙古人漢化的英主，後人雖對之卻褒貶不一，但他自居潛邸之時，便有心於以儒道治國，而許多儒臣也樂於爲之獻策。文獻中記載：

> 上之在潛邸也，好訪問前代帝王事跡，聞唐文皇爲秦王時，廣延四方文學之士，講論治道，終致太平，喜而慕焉。……朝夕接見，問對非一，凡聖經所謂修身齊家、治國平天下之道，無不陳於前，上爲聳動。嘗諭公曰：我今雖未能即行，安知它日不能行之耶！(《元朝名臣事略》卷十二，〈內翰王文康公〉)

引文中所謂「修身、齊家、治國、平天下之道」，不就是儒家的倫理政治學說嗎？世祖嗣位之後，更加勵精圖治，關於這個部分，我們可以從儒臣們的奏議與元初君臣廷對的紀錄中，窺見其大要〔註7〕。

　　元廷以草原部族起於大漠之地，初入漢地時，本無長期經營的打算，這是當時蒙古人「內北國而外中國」的普遍觀念，所以元軍在漢地恣意屠城燒殺，毫無紀律。部分蒙古人如「近臣別迭等言：漢人無補於國，可悉空其人以爲牧地。」(《元史》卷一四六，〈耶律楚材傳〉)，其視漢人如螻蟻、如寇讎，而入主中原後，更是變本加厲，「時天下新定，未有號令，所在長吏，皆得自專生殺，少有忤意，則刀鋸隨之，至有全室被戮襁褓不遺者，而彼州此郡，動輒興兵相攻。」(《元朝名臣事略》卷五，〈中書耶律文正王〉)。由此可知，

〔註7〕 王明蓀歸納在朝士人論政的範圍有「關於君德修養方面」、「關於政策之原則或施政之基本方向等方面」、「關於吏治方面」、「關於人才、教育、科舉等方面」、「關於法治方面」、「關於禮樂儀制方面」、「關於政令措施方面」等七類，由此可見儒臣用世之心，詳見《元代的士人與政治》(台北：臺灣學生書局，1992年)。

元初天下仍是紛擾不斷，人民顛沛流離，朝不保夕，更遑論聖君賢相帶給百姓安居樂業的生活了。許衡曾說：

> 唯仁者宜在高位，爲政必以德，仁者心之德，謂此理得之於心也。後世以智術文才之士，君國子民，此等人豈可在君長之位，縱文章如蘇黃也服不得，不識字人有德則萬人皆服，是萬人共尊者，非一藝一能服其同類者也。（《魯齋遺書》卷二，〈語錄下〉）

的確，在當時的歷史條件下，有德者行仁政，使百姓不再受流離之苦，更高於智術文才之士徒具巧術豪文賣弄的功效。

在《直說大學要略》中，許衡反覆申述《大學》內有關倫理道德由內到外的功效，藉以強調天下、國、家的一體性，他說：

> 孔子道一家仁，一國興仁。如堯帝舜帝行仁，天下皆行仁；桀王紂王不行仁德，政事暴虐，待教天下行仁，百姓怎生行得？（《魯齋遺書》卷三，〈大學要略〉）

爲帝王者行仁爲榜樣，天下國家皆群起效尤，何愁無長治久安的一天？他強調：「一家讓，一國興讓，天下皆這般地呵，那裏有那相爭還報的道理。」（《魯齋遺書》卷三，〈大學要略〉），舉國之人皆知禮讓爲何物，則無事於爭奪劫掠、紛亂滋擾，政治自然清明平治。如果我們配合時代的考察，許衡的說法就不只是單純的詮說經典的內容，而是帶著某種期待，希望帝王與執政者皆能體恤民情，接受儒家修身齊家治國平天下的政治理想，爲黎民蒼生建立一個安和樂利的社會。

第二節　道統與治統

歷史上桀紂有位而無德，國傾人亡；孔子有德而無位，卻受後世尊崇，這也顯示出儒家的政治理想與政治的現實，在歷史上常未必相合，乃至各擁其勢，自從韓愈提出「道統」之說，與王朝更替之「治統」相對，便更加突顯了儒家政治思想與現實政治興衰輪替中間的對立關係。然而，儘管儒家思想所代表的「道統」與帝王專制政體的「治統」關係對立，兩者之間的聯繫、補充、調適，甚至是改造發展，儒家知識份子都扮演關鍵性的角色。許衡身當元代初年，適逢政治上大一統的新局再現，如何以儒家的政治思想建立新政權的統治規模，當是本文主旨，因爲元代仍爲中國傳統專制的政體，「道統」與「治統」的互動就成爲許衡政治思想發展過程必須面對的課題。

一、理學家的訴求

許衡之前，兩宋理學家在政治和學術上普遍受到壓抑。以北宋理學家為例，人稱理學開山祖師的周敦頤，一生不過充任幾個月的小吏；關學首創者的張載，在政治上也無建樹；二程的學術地位雖然崇高，門生弟子眾多，但政治表現平平，以高壽的程頤為例，也僅曾以布衣擔任崇政殿說書一職，最後甚至與皇帝鬧得不歡而散。至於號稱集兩宋理學大成的朱熹，也沒有受到太大的禮遇，他雖然擔任侍講官，但立朝不過四十餘日，在地方官職任內頗有政績，可是影響畢竟有限。學術上呢？兩宋時程朱之學為當權派所不容，故一直遭到官方的禁止，就連朱熹的學術地位，也要等到晚年時才獲得平反，而那時南宋已是即將面臨亡國的命運了，上述資料，《宋史》皆有明確的記載。

兩宋政府內的反對者對理學家的評價是「迂闊」，這是因為國家積弱已久，朝廷需要的自然是一種立刻見到實效的富強策略，從歷史的紀錄可知，雖然改革派與守舊派各自提出興革的方案，但持續不斷的黨爭，最後演變成意氣之爭，甚至政治鬥爭，徒使幾次的變法成果化為烏有〔註8〕。然而，理學家在政治和學術上雖然受到壓抑，卻始終沒有放棄其經世致用的熱誠，相較於在朝儒臣們的努力，他們顯然選擇以另一種方式參與理想政治的規劃。

宋代是一個尊禮知識份子的朝代，所以一旦國家危難，知識份子便義無反顧地成為國家改革的急先鋒。正因如此，知識份子無論在朝在野都認為自己肩負著國家存亡絕續的重大使命，范仲淹所謂：「先天下之憂而憂，後天下之樂而樂。」即反映出當時知識份子的普遍心態。在野的理學家，雖然被指為空談心性的虛妄之學，但他們也時刻關心國家局勢，而且希望有所貢獻，然而，他們的貢獻是什麼呢？我們認為，至少有四種方式是經常被理學家採用的，分別是：上書、侍講、教育、著述。以朱熹為例，他這四種方式都發揮的淋漓盡致，因此他的學說不僅在當時獲得極大的迴響，對後世也造成非常重要的影響。此外，某些理學家雖然不在廟堂供職，卻仍然關心國家大

〔註8〕　北宋以來，懲唐季朋黨之禍，故統治者有所防範，但不少的官僚士大夫，為迎合統治者專制獨裁、防備篡逆的心理，羅織罪名，以揭露和攻擊朋黨作為效忠皇權的方式，乃至結黨營私者與志同道合者皆視為朋黨而打壓之，有心排除異己者，更藉此為主要攻擊他人的工具。（相關資料可參見羅嘉祥，《北宋黨爭研究》，台北：文津出版社，1993年）

事，他們與國家統治者保持著某種若即若離的關係：時而與朝廷榮辱與共，表現出「致君堯舜上」的熱情；又時而站在客觀的角度揭露現實，嚴厲的批評執政者失德擾民。理學家在政治事務上的表現，可說是先秦儒家的翻版，孔孟經世之志的繼承，這份堅持，無論在朝在野，都被後世儒者忠實地延續著。但是，如果我們深究兩者的差異，就可以發現兩宋理學家在與統治者互動時，藉著理學「自然觀」內涵的充實，將國家合理性另作新解，企圖使統治者認同儒家的天論，學習古聖先王的偉業，進而做到儒家所祈盼的大同境界。

理學家經由「自然觀」的新詮，企圖取代統治者奪自巫祝的天意解釋權，所以天意不再是一族一姓的專利，而是學派闡發思想的工具，儒家勤政愛民、仁義治國的理念因為裹上天意的外衣，更加容易取得大眾的認同。但是，理學家的天意詮釋，絕非巫祝式的神威，也不是某種災異祥瑞的預言，反而是一種「人文精神」的再現〔註9〕。我們為什麼說是「人文精神」的再現呢？因為理學家相信人世間的倫理道德體系，完全是天理的體現，人們藉著遵循倫理道德規範可上與天齊，達到所謂「天人合一」的境界。由於過程中人能藉由自覺的努力而達此目標，所以我們便肯定理學家的天意解釋是「人文精神」的再現了。理學家試圖將這套說法，應用在實際的政治運作之中，一方面引導統治者學習成為聖主，締造一個儒家心目中的大同境界；一方面又可以遏止後代國君為逞私欲，倒行逆施，妄改天意。上述說法，我們可以輕易的從儒者們的論政、奏議、廷對中找到證據。

接著回到許衡，他也是追隨理學家們的詮解，將儒家的天論放入政治思想之中，他說：

> 生民有欲，無主乃亂。上天眷命，作之君師，必予之聰明剛斷之資、重厚包容之量，使之首出庶物，而表正萬邦，此蓋天以至難任之，非予之可安之地而娛之也。堯舜以來，聖帝明王莫不兢兢業業、小心畏慎，日中不暇、未明求衣，誠知天之所畀至難之任，初不可以

〔註9〕　先秦儒家稟承周初「憂患意識」的遺緒，全面喚醒「人文精神」的歷史風潮，也從理論與實踐中，肯定人的價值與意義，發展出因應國家社會的一套處世哲學和人生觀。同樣的，兩宋理學家在先秦儒者的人生論上，安立一宇宙論的先驗前提，卻從「天人合一」的自然觀立場，強調人在天人之際、倫理道德上的能動性，藉此再度肯定人的地位與價值，所以我們稱之為「人文精神的再現」。

易心處。(《魯齋遺書》卷七,〈時務五事〉)

許衡認爲天賦予國君的使命,不在於富貴榮耀,而是教化萬民的工作,由於此工作至難且鉅,所以身爲聖帝明主者當「兢兢業業、小心畏愼」,不敢有絲毫懈怠。既然聖帝上依天心,一切以民爲主,故而可以做到君明臣賢,百姓安居樂業的地步。然而,元代的政治果眞如此?許衡等儒臣的努力,是否眞如兩宋理學家的期望,眞能改變政治的現實?答案顯然令人失望。許衡繼承兩宋理學家的做法,卻一致地獲得令人失望的結果,我們認爲其中最大的癥結,就在於統治者與儒者的互動情形,換句話說,也就是「道統」與「治統」的鬥爭結果。

兩宋禮遇知識份子,前已述及,但即使如此,理學家的理想還是難以施行,其原因爲何,實非本文範圍所及,當另文專論。世祖尊崇儒術,信用儒者,儒者這套理想還是無法全面推展,這又是什麼原因呢?我們認爲,如果要回答這個問題,我們必須更進一步了解許衡有關「德」與「力」的看法,以及元世祖與許衡,乃至與其他儒臣的互動情形。由於儒家堅持「德治」的核心觀念,故儒者涉及「德」與「力」的觀點,通常可以透顯出他對現實政治力的容忍與互動情形,換句話說,就是以「道統」爲中心的情況下,「治統」可以發揮什麼輔助功能。此外,我們可以經由元世祖與儒臣的互動資料中,捕捉一些兩造之間如何權衡、調適,甚至妥協的過程,因爲「道統」與「治統」的鬥爭,從來都不只是書面的文字概念而已,它必須落實在具體的情境中,才能發揮意義,也唯有如此,我們才能發現儒學與傳統政治權力間的眞正問題。

二、德與力的辨證

春秋戰國時期,有關儒家德治與政治權力的論題,早已被思想家廣泛的討論,譬如王充所謂:「治國之道,所養有二,一曰養德,二曰養力……事或可以德懷,或可以力催;外以德自立,內以力自備;慕德者不戰而服,犯德者畏兵而卻。」(《論衡・非韓》),「德」與「力」的對舉,即顯示倫理道德與政治權力是治理國家的兩種憑藉,統治者如果能善於運用,內外皆可以因而長治久安。然而,王充只是指出浮現於政治運作的現象,儒者卻有所取捨,並提出實際的論證,譬如賈誼認爲:「以禮義治之者積禮義,以刑罰治之者積刑罰;刑罰積而民怨背,禮義積而民和親……道之以德教者,德教治而民氣

樂；毆之以法令者，法令極而民氣哀。哀樂之感，禍福之應也。」（《新書·定取舍》），「德」與「刑」兩個命題的探討，又是另一組倫理道德理想與政治現實的思考抉擇，顯然，賈誼是特別重視前者的重要性的。儒家倫理道德意識強烈，《論語》就有「道之以德，齊之以禮，有恥且格。」（《論語·為政》）的說法，所以儒者面對這樣的選項，必然強調依據倫理道德理想施政的重要性，然而，由於儒者本身「內聖」或「外王」的偏向不同，對力（或「刑」）的捨棄或重視的情況便有所差異。

試舉宋代「熙寧變法」為例，以王安石為首的改革派雖然重視德治，但也不廢政治勢力的功能，故其所謂「三不欺」的主張，就是結合「德」與「力」的政治考慮。王安石說：「君任德則下不思欺，若任察則下不能欺，君任刑則下不敢欺。」（《王臨川全集·三不欺》），他認為「任德」、「任察」、「任刑」三者都是政治措施的基本原則，站在防欺的立場下，都不能偏廢，但是，由「任察」、「任刑」兩者而論，可見王氏對「力」的重視。其後南宋事功派的陳亮，也呼應這種看法，他認為：「禮樂刑政，所以董正天下而君之也；仁義孝悌，所以率先天下而為之師也。……二者交備而並用。」（《龍川文集·廷對》），而且甚至將「禮樂刑政」有關政治權力的措施，置於「仁義孝悌」的倫理道德思維之先，並提出「二者交備而並用」的呼聲。相對於改革派的論點，保守派如司馬光、三蘇父子等，著意於德治的必要性，進而捨棄貪功冒進、講求功利的改革觀點，顯然是有所區別的。其中蘇軾的看法是：「國之所以存亡者，在道德之深淺，而不在乎強與弱；曆數之所以長短者，在風俗之厚薄，而不在乎富與貧。道德誠深，風俗誠厚，雖貧且弱，不害於長而存；道德誠淺，風俗誠薄，雖富且強，不救於短而亡。」（《東坡全集·上神宗皇帝書》），其中「道德誠深，風俗誠厚，雖貧且弱，不害於長而存；道德誠淺，風俗誠薄，雖富且強，不救於短而亡」，就明白指出道德風俗的淳厚，遠比建立一個富強的國家重要，國家曆數之長久與否，也就在前者的培養累積。

朱熹主張兼具兩者：「故感者不能齊一，必有禮以齊之……齊之不從，則刑不廢。」但日後在政治上無從發揮，還是轉而偏重「內聖」之上，所以集中強調「但德修於己，而人自感化。然感化不在政事上，都在德上。」（《朱子語類》卷二十三）。許衡也是認為德重於刑，且是國家興衰存亡的關鍵，他說：

> 道之以政，齊之以刑，民免而無恥，金朝政如此，有貶黜之命，亦
> 必鼓吹不爾，謂之怨上，然一旦有土崩之勢，忍於叛上而不顧也。
> 惟先王能道之以德，齊之以禮，使人感戴無已，臣子除授有不願者
> 聽其自便，宋朝政如此，其不行於臣下似難看，然顛沛之際，不忍
> 叛其上，守節死義不顧也，德與刑其效如此之異，君人者當知之。
> （《魯齋遺書》卷二，〈語錄下〉）

許衡盱衡歷史上政權興衰，歸納出各朝代一治一亂相互循環，惟有道德仁義之事卻是永恆不變，他的說法是：

> 天下古今一治一亂，治無常治，亂無常亂，亂中有治焉，治中有亂
> 焉，亂極而入於治，治極而入於亂，亂之終，治之始也；治之終，
> 亂之始也。……析而言之，有天焉，有人焉，究而言之，莫非命
> 也。命之所在時也，時之所向勢也，勢不可爲，時不可犯，順而處
> 之，則進退出處，窮達得失，莫非義也。（《魯齋遺書》卷九，〈與竇
> 先生〉）

許衡相信治亂相替的時局下，存在著某種人力無法改變的**趨勢**，若以「義命」詮之，就是「命」的部分。許衡曾在「義命」分立的論題上，見解十分精闢，他對個人進退出處的看法，還是堅持以仁義爲原則，他在個人的行爲上，也是徹底實踐這個原則的。

　　上述許衡的說法，似乎意味著他如司馬光、蘇軾等人相同，重視德治，完全捨棄「刑」（或「力」）的部份嗎？我們認爲，這個問題的答案必須從元世祖君臣心態與互動中觀察。因爲儒臣的政治思想影響實際的政治運作，君臣的心態和互動也同樣會影響儒臣的政治主張，「道統」與「治統」雖然分別是儒者和帝王兩種不同的政治成分組成，但在實際政治現況中，絕非各行其是，互不牽涉。尤其入朝爲官的儒臣，本著「至君堯舜上」的理想，不就是企圖拉近或彌合「道統」與「治統」的鴻溝嗎？如前所述，許衡堅持「德治」是儒學的傳統，因爲此乃是所有儒者共同的傾向，而許衡是一位積極入仕的儒臣，所以如果我們希望考察他對「道統」與「治統」關係的看法，也應該配合其與帝王之互動情形，以及實際的政治表現而定。

　　事實上，儒者們無論只重「德」，還是兼重「德」、「力」兩端，若要在實際的政治運作下發揮效果，除了儒者入仕後的實踐外，必須得到統治者的尊重和支持。回到許衡的部分，如果我們希望更深入探究這個問題的答案，

或許可以從當時帝王與儒臣的心態和互動上談起，就足以顯示分別「治統」
與「道統」兩造是如何在政治上彼此產生影響，從而瞭解許衡政治思想的
內涵。

三、世祖與儒臣們的互動

　　元世祖忽必烈積極接受漢化，原有其家世的背景〔註10〕，奉命領管漢地
之後，更廣招儒士，因此博得漢地知識份子普遍的愛戴，這種現象，不僅龍
潛之際如此，繼位大統後，也重用大批前朝知識份子。當時的狀況，元人的
記載是：

> 世祖始居潛邸，招集天下英俊，訪問治道，一時賢士大夫，雲合輻
> 湊，爭進所聞。迨中統、至元之間，布列臺閣，分任岳牧，蔚為一
> 代名臣者，不可勝紀。(《元朝名臣事略》卷七，〈左丞張忠宣公〉)

這些名臣之中，仍以儒者居多，以下兩段文字可供佐證：「我國初有金、宋天
下之人，惟才是用之，無所專主，然用儒者為屬多也。」(《青陽先生文集》)、
「大元受天命，肇造區夏，列聖相承，未遑文治。上在潛邸，獨喜儒士，凡
天下鴻才碩學，往往延聘，以備顧問。」(《元朝名臣事略》卷十二，〈太常徐
公〉)。元世祖的做法，不僅獲得當時知識份子的愛戴，後世也傳誦不已，歐
陽玄說：

> 臣嘗觀三代而下漢唐君臣，未聞以道統繫之者，當世儒宗，智足以
> 知仁，未足與居也。宋濂洛諸公克續斯道，然未聞有得君者，世祖
> 龍潛，諸儒請尚其號曰儒教大宗師。嗚呼！漢唐宋創業之主，烏得
> 而有是號哉？此天以道統屬之世祖也。先生出際斯運，一時君臣以
> 堯舜心為心，學以孔孟學為學，中外如出一喙。(《魯齋遺書》卷十
> 三，〈神道碑〉)

歐陽玄雖有過譽之嫌，但在文字中透露出對當時君臣遇合的傾慕，是可以理
解的，不過提到許衡的部份，所謂「一時君臣以堯舜心為心」的情況，是否
真是如此，就值得仔細探究了。

〔註10〕世祖與憲宗均屬成吉思汗子拖雷一系，其母莊聖太后受封漢地為湯沐地，故
　　　　與儒士接觸頻繁，莊聖太后也延請儒士李槃教其世子（除憲宗與世祖外，另
　　　　外稱汗的還有旭烈兀和阿里不哥），憲宗之所以接受復建國子學的建議，以及
　　　　世祖重用儒臣、且以漢法治國的情形，都應該與這個時期的教育背景有關，
　　　　事具見《元史》。

　　許衡曾說：「孔子道一家仁，一國興仁，如堯帝舜帝行仁，天下皆行仁，桀王紂王不行仁德，政事暴虐，待教天下行仁，百姓怎生行得仁。」(《魯齋遺書》卷三，〈大學要略〉)，所以他欲「以堯舜心爲心」的態度，應該是沒有問題，但元世祖忽必烈呢？可能就是個複雜的問題了。元世祖統一南北，是元初第一位統治全中國的君主，但同時他也是蒙古諸汗國的共主，身兼兩種角色雖是榮耀至極，卻在統治政策上產生不協調的情形〔註11〕，再加上蒙古自成吉思汗以來不斷對外侵略的基本國策，以及蒙古本地風俗與漢地文化的牴牾。這種背景下，他重用儒臣的意圖爲何？他是否真的願意完全接受儒家思想治國？或者只是某種權宜之計？元初當儒臣與另一派的所謂「聚歛之臣」鬥爭時，許衡因孚眾望而獲得儒臣們的推薦，結果是：

> 竇默與王鶚面論王文統不宜在相位，薦許衡代之，帝不懌而罷。(《魯齋遺書》卷十三，〈通鑑〉)

元世祖的心態可見一斑，那麼到底如許衡般的儒臣，在世祖的政治策略應用下，該扮演何種角色？以下這段紀錄，或許可以回答這個問題：「世祖問竇默欲求如魏徵者，默對曰：犯顏諫諍，剛毅不屈，則許衡其人也。」(《魯齋遺書》卷十三，〈通鑑〉)。事實上，《元史》記載中的許衡與其他儒臣常與世祖有政策性的對話，而世祖也是尊禮有之，但那群能使國家富強，供應大量因戰爭所造成靡費的「聚歛之臣」，如王文統、阿合馬、桑哥、盧世榮等人，才是世祖所倚重的對象，相對之下，儒臣（許衡也是）不過是聊備諮詢，妝點門面罷了。許衡也了解這樣的情形，所以史載其「屢召也屢辭」應該有現實考慮，許衡接受朝廷徵召是爲「行道」，而請求辭歸的原因固多，其中「權臣屢毀漢法」當是關鍵因素。

　　元世祖進用儒臣的心態儘管如此，但儒臣卻不把自己當成妝點帝國門面的花瓶而已，這就是前述所謂儒臣常在「道統」與「治統」間所扮演的積極角色。元初儒臣如何試圖將「道統」內的政治理想融入「治統」的系統中，又使用何種策略將儒家政治思想逐步合理化呢？《元史》處處可見儒臣們上書建議治國方略，元世祖爲潛藩之際，儒臣就常引經史爲例，告知安國保

〔註11〕元世祖一統中國，身兼中國皇帝與蒙古大汗，蕭啓慶曾以「統一」與「統合」的概念，分析世祖征南宋前後對各民族採分化不統合的政策，藉以維持蒙古人的政治、經濟特權。由此可見元世祖不管是主觀的意願或客觀的牽制，都還是必須維護蒙古人的統治優勢。(蕭啓慶，〈元朝的統一與統合：以江南、漢地爲中心〉，收入《元朝史新論》，台北：允晨文化出版社，1999 年)

民之道，譬如「上之在潛邸也，好訪問前代帝王事跡……朝夕接見，問對非一，凡聖經所謂修身齊家、治國平天下之道，無不陳於前，上爲聳動。」（《元朝名臣事略》卷十二，〈內翰王文康公〉），當時王鶚就是透過這種經筵的對話，取得世祖對儒家的修身、齊家、治國、平天下政治理想的認同。世祖繼位之後，這種形式持續進行，許衡在著名的《時務五事》中，也對世祖說：

> 語古之聖君，必曰堯舜；語古之賢相，必曰稷契。蓋堯舜能知天道而順承之，稷契又知堯舜之心而輔替之，此所以爲法於天下，而可傳於後世也。（《魯齋遺書》卷七，〈時務五事〉）

許衡引堯舜稷契爲聖君賢相的典型，並盛贊其君臣遇合，奉行天道，立法於天下之舉。他的動機與王鶚相同，都是爲了引導元世祖效法古聖先賢，才能夠在政治有所做爲。世祖似乎也頗爲認同這些看法，所以他親擇儒臣爲太子師，而許衡擔任國子祭酒之初，教授的對象就是蒙古貴族子弟。

許衡經常與世祖廷對，其中最著名的《時務五事》，就是一篇精彩的奏議。歷史記載他和世祖的互動是：

> 上疏陳五事：曰立國規摹，曰中書大要，曰爲君難，曰農桑學校，曰愼微。累數千百言，讀奏未徹，上久聽微有倦色，先生即斂卷求退，上肅然正襟危坐，先生乃再讀，讀訖，上嘉納之。（《魯齋遺書》卷十三，〈神道碑〉）

由這段文字可以瞭解，許衡的態度是十分嚴謹的，世祖也是禮敬許衡，故而獲得儒臣歸心，其來有自。有人評論這段時間的君臣關係時曾說：「世祖雖不能盡行魯齋之道，然待之之心極誠，接之之禮極厚，自三代以下，道學君子未有際遇之若此也。」（《魯齋遺書》卷十四，〈先儒議論〉），世祖因此得到許衡的積極奉獻，除此之外，我們認爲許衡出仕任官是由於「身居畎畝思致君，身在朝廷思濟民。」（《魯齋遺書》卷十一，〈訓子〉），爲了貫徹儒家經世濟民的理想，這就是從孔子以來所持續不輟「道統」的落實。所以歐陽玄評論許衡的表現時說：

> 先生之於道統，非徒托諸言語文字之間而已也，蓋自愼篤之功，充而至於天德王道之蘊，故告世祖治天下之要唯在王道，……務以堯舜其君，堯舜其民爲己任。（《魯齋遺書》卷十三，〈神道碑〉）

許衡期待世祖仿效堯舜，臣子們效法古今賢相，共同造成一平明之治，其殷

殷之意，透過歐陽玄的文字表現，更足以昭顯許衡的用心良苦。在我們討論世祖和許衡君臣間的互動之後可知，許衡一如其他儒臣，積極填補「道統」與「治統」兩者之間的鴻溝，但由於世祖以蒙古大汗居爲中國帝王，又在某種策略的考慮下，對儒臣的建言，多所保留。如此主客觀因素累積之下，「道統」與「治統」觀念落實在政治措施上的「德」與「力」概念，就不是單純的贊成某方排斥某方的問題，而是再經由史實的考察，對「德」與「力」在政治運作做一深入的反省。故而，許衡並不是只重視「德」的部分，他說：

> 孔子曰政寬則民慢，慢則糾之以猛，猛則民殘，殘則施之以寬，寬以濟猛，猛以濟寬，政是以和，斯不易之常道也。（《魯齋遺書》卷一，〈語錄上〉）

政之寬猛相濟，不就是「力」（或「刑」）的功效評估嗎？但是在元朝這個特殊的朝代，所謂的「德治」，對元帝而言絕非陳腔濫調，卻是一個新文化觀念的認識，而帝王鳴琴垂拱、無爲而治的形象，更是新鮮的話題。再加上元初儒臣崇尚「實學」，如何說服帝王崇奉漢法，爲新王朝創業繼統塑造形像，進而立法定制，整飭藩鎮吏治，這一切作爲，放在「德」與「力」兩個範疇的思維之下，實在不是孰重孰輕、孰有孰無的單純認定而已。大體上說，許衡「德」與「力」觀念兼重，但就實際政治運作中的君臣關係而言，「德」與「力」是君臣兩者都必須面對的問題，尤其在元初的歷史條件下，更是如此。因此，我們就可以從下述「君道」與「臣道」的討論中，深入瞭解許衡有關「德」與「力」看法的複雜成因。

第三節　君道與臣道

　　古代中國的專制政治體系中，君、臣的關係是思想家討論的主要範疇。由於儒家政治思想是倫理觀念的延伸，君、臣相互之間的權利義務關係，也在倫理價值體系的規範之中。基於這樣的思考模式，儒家就認爲一國之中「君使臣以禮，臣侍君以忠。」（《論語・八佾》），但就統治與被統治者的關係而言，君主實際上是「普天之下，莫非王土；率土之濱，莫非王臣。」的政權擁有者，儒家並不忽略這個政治現實，因此一方面標舉古聖先王偉蹟，如「大哉！堯之爲君也，巍巍乎！唯天爲大，唯堯則之，蕩蕩乎民無能名焉，巍巍乎其有成功也；煥乎有其文章。」（《論語・泰伯》）；另一方面強調施行仁政

王道，的確有「近悅遠來」的實際政治功效。為臣子者必須對君主盡忠，也忠於所事，為人民謀幸福，時刻以達成儒家理想的大同世界為己任，若客觀形勢不允許，或力有不逮，無法一償忠君愛民的初衷，即求隱去，不戀棧權位。在這樣的前提下，人民接受聖君的號召、賢臣的引導，才能安居樂業，享受太平無憂的生活。

許衡繼承儒家傳統政治思想，也認為：

> 《春秋》大一統，在天下尊王，在國尊君，在家尊父，這三件起來
> 便治，這三處失位便亂；在人身尊德性德性用事便治，才性用事便
> 亂。聖人汲汲說忠信孝悌仁義，只是為這幾處說。（《魯齋遺書》卷
> 二，〈語錄下〉）

所謂「這三件起來便治，這三處失位便亂」之語，就是說明個人安居其所，行所當行，可以造成穩定的社會倫理秩序。猶如孔子重視的「正名」，可以帶來政治的安定，一旦上位者失德妄為，在下者違背倫常綱紀，鑽營悻進，必然導致國家亂亡。許衡舉孔子之言和古代史事為例，說明倫理道德之上行下效的影響力，他說：「孔子道一家仁，一國興仁，如堯帝舜帝行仁，天下皆行仁，桀王紂王不行仁德，政事暴虐，待教天下行仁，百姓怎生行得仁。」（《魯齋遺書》卷三，〈大學要略〉），為君者應該深體上天眷命，兢兢業業，以身作則，時時刻刻以蒼生為念，仁義為懷，黽勉從事。因此，君位就不只是天下神器，為一人一姓所獨有，施行「仁政」也不應該只淪為口號而已，卻是倫理道德理想的倡導者、實踐者和擁護者。

總之，許衡藉著「君道」與「臣道」的相關論述，將儒家的政治思想作一具體的陳述。孔子雖明言「為君難，為臣不易。」（《論語・子路》），但具體的君臣相應之理，則因時代的特殊環境而有所調適。元初時局混亂，又逢異族入主，以許衡實踐性的學術性格，再加上當時儒臣們經世致用的普遍願望，「君臣之道」是元初君臣間常常討論的話題，並有實質的意義。再者，儒家君臣之道並非僅是理論而已，更是一種實踐的準則，所以，我們如果試圖掌握許衡的君臣觀，便須配合時局的相應了解。最後，仍有一點是特別必須強調的，儒家論「君」時，常強調他對「臣」、「民」的責任和關係；論「臣」時，則首重在對君主的認同和奉獻，才能達成百姓福利的追求。許衡也不例外，所以他特別主張臣忠君，君愛民的政治倫理思想，當然，這些都是儒家仁政王道的必要條件，許衡一生進退仕隱也完全奉行這個準則。

一、君　道

　　許衡認為：「生民有欲，無主乃亂，上天眷命，作之君師，必予之聰明剛斷之資，重厚包容之量，使首出庶物，表正萬邦，此蓋天以至難任之，非予之可安之地而娛之也。」（《魯齋遺書》卷一，〈語錄上〉），上天賦予為君者之使命，在於「首出庶物，表正萬邦」，所以國君應該兢兢業業，深恐有負上天之託，黎民之望，這是我們前文已經說過的。那麼，身為一個國君，在實際的政務運作上，又應該有何表現呢？許衡在講述《尚書・堯典》時，就集中闡釋「君道」之事如下：

> 《堯典》一篇只四件事：一明德；二愛民；三用人；四處變。自稽古帝堯至黎民於變，皆明德事也。自乃命義和以下，皆敬授人時事也，授時不可緩，此愛民之至情也，先儒只說天象，非聖人定書意也，明德愛民二事，君道之大綱也。（《魯齋遺書》卷二，〈語錄下〉）

上文中許衡顯然以「明德」與「愛民」兩者作為國君政治要務，故曰：「君道之大綱」。有關「明德」的部分，本基於政治思想是社會倫理體系的延伸，前文已有論證，故不再行贅述；「愛民」的部分，則有傳承於儒家的理念，也有實際局勢的考慮。許衡在《時務五事》一文中提到「立國規摹」曰：

> 古今立國規模雖各不同，然其大要在得天下心，得天下心無他，愛與公而已矣！愛則民心順，公則民心服，既順且服，於為治也何有？
> （《魯齋遺書》卷七，〈時務五事〉）

引文中提到的「愛」與「公」兩者，不正是「明德」與「愛民」的積極表現嗎？許衡力言為君者若要得天下人之心，就得從這兩個部分開始做起，一切以人民的福祉為主，國家才能長治久安。許衡在《為君難六事》一文又強調：「上以誠愛下，下以忠報上，有感必應，理固宜然。」以古史為證，闡述上下忠愛之理，更增加其說服力。

　　事實上，許衡這種看法我們並不陌生，從《孟子》書中諸如「民貴君輕」等思想，都可以說是許衡上述觀念的源頭，然而此舉除了表明儒家的基本立場外，許衡在元初強調這個觀念，則實有其歷史意義。自成吉思汗統一草原各部，即是以武力降服諸邦為基本國策，也因而建立了橫跨歐亞的大汗國，平金滅宋之時，仍常見殺戮屠城之舉，所以儒臣所謂「本朝威武有餘，仁德未洽」（《元史》卷一五六，〈宋子貞傳〉）的說法，實有其歷史的背景。再加上蒙古長期對外侵略的基本國策，即使世祖已完成統一全中國，連接

歐亞的三大汗國也已然成形，世祖卻仍持續準備一連串的對外侵略的戰爭〔註12〕，這些做法，都是奉行「德治」與「近悅遠來」等信念的儒者萬萬不能接受的事。

　　《元史》中常可見到相關的對話，譬如平宋之時，「歲已末，世祖南伐，召子貞至濮，問以方略。對曰：本朝威武有餘，仁德未洽。所以拒命者，特畏死爾，若投降者不殺，脅從者勿治，則宋之郡邑可傳檄而定也。世祖善其言。」（《元史》卷一五九，〈宋子貞傳〉）；征西南夷時，儒臣就提出「近悅遠來」的觀念：「公對曰：昔梁襄王問孟子：『天下烏乎定？』孟子曰：『定於一。』襄王曰：『誰能一之？』孟子曰：『不嗜殺人者能一之。』夫君人者，不嗜殺人，天下可定，況蕞爾之西南夷乎！上曰：誠如威卿言，吾事濟矣。是歲，雲南諸國降。上既登極，每有征伐，必諭以不殺，於是四方未稟正朔之國，願來臣屬者，踵相躡於道，十餘年間，際天所覆，咸為一家，土宇之廣，開闢以來未有也。不嗜殺人之效，其捷若此。然一言寤意，皆自公發之。」（《元朝名臣事略》卷十二，〈太常徐公〉），所以許衡認為：

> 為人君，止於仁，天地之心仁而已矣！麟鳳為羽毛鱗介之長，中國夷狄、君子小人俱要得所。隋煬遼東還，見市人尚眾而訝，此豈君人者耶！故樂殺人者，不可得志於天下。（《魯齋遺書》卷二，〈語錄下〉）

以攻略殺伐為樂者，不足為人君，這樣的呼聲，在元代的歷史環境上，更有其重要的意義〔註13〕。「止戰不殺」是許衡這類儒臣極力勸諫世祖的主題，他們的出發點就是「愛民」，而所謂「得民心者得天下」，「止戰不殺」就不只是一種仁義之舉，更有其實際的戰略意義，儒家「近悅遠來」的描述，就是「愛民」的實際成效，引文的記載中可見，世祖採用儒臣的建議後，的確收到各國來歸的實效了。古代社會倫理秩序之下，君王的德性常是保障國家長治久安的重要關鍵，反觀做為執行國家政令的官吏，也必須遵循這樣的道德規範，

〔註12〕終世祖一朝，共計對高麗、日本、南宋、占城安南、爪哇、琉球等國招安或用兵，西南夷方面，除大理外，又對緬國、八百媳婦等國用兵，事具見《元史》本紀、陳邦瞻編，《元史紀事本末》（台北：三民書局，1989年）。

〔註13〕成吉思汗時期，即以恐怖屠殺的策略威服敵國，直到元世祖雖已下詔南征將士勿妄加殺掠，但遇到抵抗激烈的常州、靜江、沙市等地，城破之日起，則大肆屠殺、擄掠士民，當時江南士人多有記錄這種觸目驚心的場面，詳見周少川先生《元代史學思想研究》（北京：社會科學文獻出版社，2001年）。

所以許衡即曰：

> 古時公卿大夫以下，位稱其德，終身居之，得其分也；位未稱德，
> 則君舉而進之，士脩其學，學至而君求之，皆非有預於己也。（《魯
> 齋遺書》卷二，〈語錄下〉）

「位稱其德」是「學而優則仕」的典範，儒家一向認為有德者當有位，若未得位，名聲所至，君自求之，非己之有所圖也。但如何保障為政者皆有德呢？儒家認為，君臣皆應以德自勉，並相勸以善，除了為君者潛心自課外，能否選賢任能就是一個重要的因素。荀子稱：「君者何也？曰：能群也。能群者何也？曰：善生養人者也，善班治人者也，善顯設人者也，善藩飾人者也。」（《荀子・君道》），官吏的選擇上，則應該「論德而定次，量能而授官，皆使人載其事而各得其所宜，上賢使之為三公，次賢使之為諸侯，下賢使之為大夫。」（《荀子・君道》），君主舉賢而授官，使政事「各得其所宜」，如此一來，德能兼備的知識份子經由君主的拔擢重用，君主就可以鳴琴垂拱、無為而治了。

許衡也十分強調國家用人的重要性，他說：

> 生民休戚，係於用人之當否。用得其人，則民賴其利；用失其人，
> 則民被其害。自古論治道者，必以用人為先務，用既得人，則其所
> 謂善政者，始可得而行之，以善人行善政，其於為治也何有？（《魯
> 齋遺書》卷一，〈語錄上〉）

許衡認為善政還是需要善人來推動，國家用人的問題，直接地關係到人民生活的良窳，以及良風善政的推動與實施。此外，許衡也認為：

> 賢者以公為心，以愛為心，不為利回，不為勢屈，真之周行，則庶
> 事得其正，天下被其澤。……人君位處崇高，日受容悅，大抵樂聞
> 人之過，而不樂聞己之過；務快己之心，而不務快人之心，賢者必
> 欲匡而正之，扶而安之，使如堯舜之正、堯舜之安而後已。（《魯齋
> 遺書》卷七，〈時務五事〉）

他認為任用賢者的優點，就是在於賢臣「必欲匡而正之，扶而安之，使如堯舜之正、堯舜之安而後已。」這是就「君」、「臣」關係而論的，與上述的「臣」、「民」關係合論，更能見許衡兼顧政治實務中，「君」、「臣」、「民」三者的關係。

如果從上述角度觀察，君主慎選賢者，不僅可以澤及萬民，也能匡正自

己的得失，故許衡在《時務五事》中談君主「防欺」時，就說：「用得其人，則無事於防矣。」論爲君者如何「得民心」時，就強調君臣一心，澤國利民，若「爲人君者不喜聞過，爲人臣者不敢盡言，合二者之心以求天下之心，則其難得也固宜。」（《魯齋遺書》卷七，〈時務五事〉）。由此可見許衡重視君主「用人」的影響，並極力描述君主用人當否對實際政治運作的影響，所以他上書強調人君「須深探古人用人立法之意，推而衍之，則何難見之有？若夫得行與不得行，在上之委任者何如，而能行與不能行，又在執政者得人與不得人爾。」（《魯齋遺書》卷七，〈時務五事〉）於是，「用人」與「立法」兩者關係密切，法之行與不行，實與得人與否，關係密切。

　　元初統治階層是以蒙古人爲主，其次爲色目人，中原漢人經常無法主持中央政事，若以儒釋道三派細分，釋道的勢力也凌駕於儒教之上。元世祖雖禮遇儒士，常見諮詢治道之舉，但中央要職，仍以蒙古與色目人居多，原因無他，除了保障蒙古人的統治地位之外，色目人經商理財的能力，早已獲得信賴，並經常握有實權〔註14〕。世祖即位後，更有王文統、阿合馬、桑哥之流，爲元廷長期的內戰與對外征伐，提供了財政上的支援，因而獲得世祖的重用。但這些人，無論是色目人或偶有漢人，皆專以斂財居功，故儒臣譏其「學術不純」，且諷爲「聚斂之臣」，深惡痛絕。許衡強調「任賢」的觀念，落實在當時的政局上，可以說就是暗指這批聚斂之臣，爲了迎合上意而殘國蠹民，全無人臣之狀，更別說勸諫君主奉行王道，得天下民心，這是許衡所不恥的，所以他說：「爲人君者不喜聞過，爲人臣者不敢盡言，合二者之心，以求天下之心，則其難得也固宜。」（《魯齋遺書》卷七，〈時務五事〉），正是痛砭時弊的箴言啊！

　　前文概略敘述許衡如何接受儒家傳統政治思想，在君主「德治」與「任賢」方面的探究和宣導，此外，又根據許衡所處的時空條件，指出「止戰不殺」、「任賢」等政治理想對於元初複雜政局的重要意義。再者，我們認爲，許衡在《時務五事》中涉及諸如「踐言」、「防欺」、「去邪」、「立法」、「順天道」等，都是由上述「德治」、「任賢」、「止戰不殺」等政治理想具體落實的結果。譬如論及「踐言」的部分，他說：「天下之大，兆民之眾，事有萬

〔註14〕陳垣曾說：「當是時，百漢人之言，不如一西域人之言，一西域人儒者之言，不如一西域人釋者之言之尤爲有力，而得國主之信用也。」（《元西域人華化考》，上海：上海古籍出版社，2000年），由此可見漢人不如色目人地位顯赫，儒者的政治地位，更低於釋者，由此可見當時儒者政治情勢之惡劣。

變，日有萬幾，而人君一身一心酬酢之，欲言之無失，豈易能哉！」(《魯齋遺書》卷七，〈時務五事〉)，能自覺「踐言」之難，在於君主先有「德治」的意願，才能言行一致，為兆民的福祉而努力，同時，「踐言」則可由「任賢」而得以時時匡正其得失，故「得治」、「踐言」、「任賢」三者關係密切；另外如君主「防欺」的問題，他的看法是：「人君處億兆之上，所操者予奪進退，賞罰生殺之權，不幸見欺，以非為是，以是為非，其害可勝既耶！」(《魯齋遺書》卷一，〈語錄上〉)，人主操「予奪進退，賞罰生殺之權」，如不幸見欺，將塗炭生靈，危害尤烈，故人君應以「德治」為念，慎斷是非，而本文前已論及許衡認為「任賢」是「防欺」的必要方法，且因篇幅關係，故不一一詳加申述。

接下來，我們將探討許衡「臣道」的觀念。這個觀念涉及儒家對臣子的基本要求，我們將提出，在許衡的觀念中，臣子與君主的互動應該如何？身為臣子的進退仕隱有何依準？許衡心目中「聖君賢相」的形象為何？這些問題，以下將一一闡述之。

二、臣　道

儒家認為君主應以德治天下，也必須慎選賢才，以德治事，故君主當順應天道，以德治天下，又須「凡一言也一動也，舉可以為天下法；一賞也一罰也，舉可以合天下公。」(《魯齋遺書》卷七，〈時務五事〉)，君主為天下國家定一基本發展方向，這又涉及「力」的部分。然而誰能貫徹並落實這個方向於政務之中呢？那就有待「臣」的努力了，所以韓愈說：「是故君者，出令者也；臣者，行君令而致之民者也……君不出令，則失其所以為君；臣不行君令而致之民，民不出粟米麻絲、作器皿、通貨財以事其上，則誅。」(《韓昌黎文集‧原道》)。

儒家的君臣關係中，有道德上的相互勉勵，也不乏政事上的彼此依存，故而君臣之間的關係應該十分密切。從社會倫理關係上說，就應該是「君使臣以禮，臣事君以忠。」(《論語‧八佾》)，「臣事君以忠」的積極做為就是「尊君」觀念的提出，所以許衡認為「孔子不通於時，只為欲尊君父，當時魯三家、晉六卿、齊田氏譖逼如此，孔子之道不能行也，故筆之於經。」(《魯齋遺書》卷二，〈語錄下〉)，許衡認為孔子之道不能行，就在於諸侯的譖逼，元初時局也是如此，故許衡引《易》曰：

> 天尊地卑，乾坤定矣，貴賤位矣，在上者必尊之，然後事可得而理。
> 爲君長，敬天地祖宗鬼神，爲百執事，敬事君長，此不易之理也。……
> 君父豈可不尊，公室豈可削弱，公室弱則無所依以自存，其爲不智
> 甚矣，不智便不仁，便無君父，無長上，自尊便敗亡。（《魯齋遺書》
> 卷二，〈語錄下〉）

在許衡的倫理道德價值體系中，維持社會倫理秩序和諧的首要之務，就在於此倫理脈絡中的每個成員皆能因其定位，展現合宜的行爲，而君臣上下之分，從政治興衰的立場上，更是維持國家穩定發展的主要力量，元初儒臣們積極的提出「尊王抑藩」的主張，就是這個觀念的具體落實〔註15〕。

儒家的「尊君」，並非是爲君主專制合理化找出路，而是爲大一統格局內的「聖君賢相」理想做準備，許衡曰：「語古之聖君，必曰堯舜；語古之賢相，必曰稷契。蓋堯舜能知天道而順承之，稷契又知堯舜之心而輔替之，此所以爲法於天下，而可傳於後世也。」（《魯齋遺書》卷七，〈時務五事〉），「聖君」與「賢相」遇合而能治國平天下，就是儒家政治理想的格局，也是可傳諸後世的不二法門。身爲人臣，敬事君長，忠於所事，《論語》就曾樹立一個忠臣的形象：「子張問曰：令尹子文，三世爲令尹，無喜色；三已之，無慍色，舊令尹之政，必以告新令尹，何如？子曰：忠矣。」（《論語·公冶長》），如令尹子文之忠於職守，去就不異其心，故孔子許之以「忠」。許衡更直言人臣的操守應是：

> 爲人臣者，常存心於君，以君心爲心，承順不忘，願國家之事，都
> 得成就，即是至公心，可謂仁也。於自己爲臣之分，各有所當職，常
> 保守其分，不敎虧失，可謂義也。（《魯齋遺書》卷二，〈語錄下〉）

以至公心曰「仁」，謹守本分稱「義」，做爲人臣，所應奉行的行爲準則就是仁義之事，而「至公心」與「謹守本分」兩者，就是許衡爲人臣言行定下的

〔註15〕 蒙古草原時期，成吉思汗即有共享富貴的詔令，凡宗室、功臣皆可裂土分封（即所謂「湯沐地」），此外，汗位繼承人也是由宗親大會推舉，故而成吉思汗生前雖欽定窩闊台繼承，他即位前，仍需宗親大會議決，才能順利登上汗位。儒臣「尊王抑藩」的主張，則是試圖將中原文化中央集權的體制取代蒙古的封建舊規，其中最明顯的作爲，就是儒臣耶律楚材定「拜禮」、廉希憲等人建議採官員考課遷轉之法（相關文字詳見《元史》本傳），以杜絕分封貴族功臣與「根腳」的官員任用方式，對中央皇權統治可能造成的危害（請參見周良霄，〈元代投下分封制度初探〉，收入《元史論叢》第二輯，北京：中華書局，1983 年）。

倫理道德價值標準。

　　然君臣之間乃上下統屬關係，許衡認為「蓋為臣之道，大體主順，不順則無以事君也。」(《魯齋遺書》卷六，〈讀易私言〉)，以《易》道而論「五，上卦之中，乃人君之位也。」人臣居四爻之位，因為：

> 四之位近君，多懼之地也。以柔居之則有順從之美，以剛居之則有譖逼之嫌；然又須問居五者陰邪陽邪。以陰承陽，則得於君而勢順；以陽承陰，則得於君而勢逆。勢順則無不可也，勢逆則尤忌上行，上行則凶咎必至。……以陽成陽，以陰成陰，皆不得於君也。然陽以不正而有才，陰以得正而無才，故其勢不同。有才而不正，則貴於寡欲。……無才而得正，則貴乎有應。(《魯齋遺書》卷六，〈讀易私言〉)

五爻中正乃君位，以四爻之為近君，故人臣應以陰爻而上承陽爻，則勢順而無咎，反之則凶咎必至。這種說法，落實在君臣的關係上，就是為臣者以君為尊並順承之，則無凶咎。

　　許衡又以日月為喻，警告人臣者不能擅權，更不可使恩威出於己，因此，為人臣者應該注意：

> 臣子執威權未有無禍者，豈惟人事，在天道亦不許。夫月，陰魄也，借日為光，與日相遠，則光盛，猶臣遠於君，則名聲大，威權重；與日相近，則光微，愈近愈微，臣道，陰道，理當如此，大臣在君側而擅權，此危道也。古人舉善薦賢，不敢自名，欲恩澤出於君也，刑人亦然，恩威豈可使出於己，使人知恩威出於己，是生多少怨敵，其危亡可立待也。故月星皆借日以為光，及近日卻失其光，此理殊可玩索。(《魯齋遺書》卷一，〈語錄上〉)

上述兩段引文中，許衡反覆說明為臣者不可落入危亡之道，其想法頗值得玩味。儒家原本強調「道統」與「治統」之間的彌合，君臣之間的關係微妙，所以許衡認為人臣應該致君堯舜、澤及萬民，甚至責善於君，但他又主張人臣謹守份際，以免凶咎畢至，如此一來，此兩者似乎矛盾不可並行。我們認為，儒家的人臣思想，重在社會倫理秩序下的意義，所以忠君愛民、進退仕隱，皆有執守，以天下事為事，故諫君牧民，職分所應然，若不以天下事為事，純為一己喜怒、私利，甚至沽名釣譽，當然危及自身，以倫理關係密切的現代社會是如此，更何況古代君臣關係是建立在上下統屬的基礎之上。因

此，許衡的觀念並不矛盾，只是視儒者是否能堅持正道而已。如果能堅持正道，則義無反顧，甚至殺身成仁，也是一種超然意志的實現，相反的，如果不能堅持，一味順承，就不能發揮積極的意義，而成為只是維護專制權威的盲從者而已。

許衡曾對世祖說：「孟子以責難於君謂之恭，陳善避邪謂之敬，孔子謂以道事君，不可則止，臣之所守，大意蓋如此也。」（《元史》卷一五八，〈許衡傳〉），這段對話，正與孟子所謂「古之人未嘗不欲仕也，又惡不由其道。不由其道而往者，與鑽穴隙之類也。」（《孟子·滕文公》）的實現，且與其稱讚孔子「可以速而速，可以久而久，可以處而處，可以仕而仕。」（《孟子·萬章》）的想法相合。所以儒家「得志，澤加於民；不得志，修身見於世。」的理想，對許衡而言，不僅是一套理論，更是實踐的準則。元初的時代環境中，或仕或隱是一項複雜的決定，在屈事異族與經世濟民兩難的抉擇中，儒者的仕隱表現，更能考驗這一時期儒者的操守。

許衡的詩集中，有兩篇關於仕隱態度的資料，如「去去迷途莫問津，來還唯恐不知真，因時用舍固有命，與道卷舒宜在人。」（《魯齋遺書》卷十一，〈和姚先生韻〉）、「身居畎畝思致君，身在朝廷思濟民，但期磊落忠信存，莫圖苟且功名新。」（《魯齋遺書》卷十一，〈訓子〉）。許衡基本的態度是入世的，故「身居畎畝思致君，身在朝廷思濟民」，但來去之間一依於「道」，所以「因時用舍固有命，與道卷舒宜在人」，若就史實而論，許衡蒙上召對時，「眾皆注意而聽之，衛士舉手加額曰：是欲澤被生民者也。」（《魯齋遺書》卷十三，〈通鑑〉）。再分析許衡辭官歸隱之因，除了老疾、致仕之外，主要的原因，應該就是「權臣屢毀漢法，諸生廩食或不繼」，兩者均與許衡去就所依循的原則牴觸，所以儘管世祖數度強留，許衡仍然不為所動。他曾對元世祖明言：「孔子謂：『以道侍君，不可則止。』臣之所守，大意蓋如此也。」（《元史》卷一五八，〈許衡傳〉），以明心志，由此可見其操守。綜合上述資料，許衡仕隱的考慮便一覽無疑，我們也可因之給予較為公允的評價了，這個部分，本文第二章已有論及，故不再詳加論述。

許衡心目中的賢臣形象，絕對不計較一己之利害得失，勇往直前，義無反顧，為經世濟民的大業，犧牲奉獻，無絲毫因循苟且之心。所以他說：

> 不問利害，只求義理，孔明見得真，當時只以復漢討賊為當然，至
> 於成敗利鈍，非臣之明所能逆賭也，歸之天而已，只得如此做，便

是聖賢之心，常人必計其成敗利害也。(《魯齋遺書》卷一，〈語錄
上〉)

早已立下福國利民心願的許衡，對孔明的「鞠躬盡瘁，死而後已」，發出由衷
的讚嘆，並以之作爲立身處事的楷模。許衡也認爲人臣平時勿恃寵而驕，及
臨朝蒞事，則威凜不可奪其志，所謂：

人要寬厚包容，卻要分限嚴，分限不嚴，則事不可立，人得而侮之
矣！魏公素寬厚，及至朝廷事，凜然不可犯也，所以爲當世名臣。
今日寬厚者易犯，威嚴者少容，於事業之際皆有病。(《魯齋遺書》
卷二，〈語錄下〉)

爲人應該寬厚包容，與人爲善，爲臣時則不因循苟且，一合於道，此時態度
是凜然不可犯的。爲何態度有所不同？原因無他，實因處理朝廷之事應份際
嚴明，才有所成。許衡道出寬厚者一味縱容，以及威嚴者苛薄寡恩，都對行
政事務的推動，有所妨礙。此外，如果朝廷有過，就應犯顏直諫，不避生死，
他認爲身爲宰相，更應如此「做宰相的人，見朝廷行得錯了便合諫，若朝廷
怒呵也不合怕死，若怕死隨得朝廷行得錯不諫明，便是不合怕的怕，不合怕
的怕，便是個不合進的進，不合退的退。」(《魯齋遺書》卷四，〈大學要略〉)，
如此一來，就能做到聖君賢相相遇合，如同堯舜知天道而順承之，稷契又知
堯舜之心而輔替之，君道臣道之最高境界，也盡瘁於斯也。

第四節　政治思想的制度化

　　許衡在政治思想上，完成了倫理化的理論基礎，也在「道統與治統」、「君
道與臣道」等方面奠定了基礎的觀念，接下來，就剩下實踐的問題了。元初
儒臣們秉持一貫的經世熱情，在政治上提出了許多應興應革的建議，但隨著
所擔任的職務與涉及實務工作的程度深淺，便對政治實務工作產生不同程度
的影響，然而，無論儒臣們所致力的層面高低，或者影響的深淺，他們用世
之心是絕對不容置疑的。許衡入仕元廷的過程中，曾任中書右丞與國子祭酒
等職，這樣的經歷，對他在政治理論與實踐的呼應上，可以做到知行一致的
地步。譬如他曾在著名的《時務五事》中提出「立國規摹」、「中書大要」、「爲
君難六事」等主張，這些可以說都是其任中書右丞時的施政原則；此外，他
也在《時務五事》提出「農桑學校」的建議，加上《元史》、《國學事蹟》等
史料中，常見許衡在教育上的意見，以及許多務實的做法，都是他在長期教

育工作中所累積的心得，我們認爲，凡此種種，都可視爲許衡在政治思想制度化上所做的努力。然而，對一個大一統的帝國而言，政治上的問題不能只是紙上談兵，更何況元朝版圖之大，所統領的屬民之多，又綜羅各民族的文化疆土，所謂的「制度化」就不僅僅是一個口號，而是不得不需要有所作爲的努力了。

　　如前所述，儒家的政治思想始終不離其倫理道德的價值體系，因此，其政治思想的內涵，即是以倫理道德爲基礎，逐漸發展的一套政治思想體系，所以在將此體系付諸實踐，乃至形成一通行全國的法令規章，就仍然必須以倫理道德的價值觀念作爲衡定的標準。所謂的「制度化」，乃是基於某些權利義務的關係，因而訂定出一系列的規則法條，藉以維繫國家社會的穩定和諧，其所依據的原則，可以採用儒家倫理道德的觀念，也可以採用其他的理念。執行此「制度化」的過程中，可從「人」爲核心的觀點論之，稱爲「人治」；若以「法」爲前提，就是所謂的「法治」。今人多以「人治」、「法治」區別中西政治思想的差別，並以之判定中國古代全無「法治」觀念，且盡推「人治」在中國歷史上造成的罪惡，乃儒家「人治」觀念的誤謬。這種說法，看似有理，然細細體會之，恐怕未必盡然。儒家眞是全無「法治」的觀念嗎？推行「法治」眞的無懈可擊嗎？「人治」如果有其實際上的困難，何以中國歷數千年而不改呢？是否有其深層的價值有待開發？事實上，儒家是否全然不考慮「法治」的問題，「法治」的弊病是否曾爲儒家所揚棄，以及「人治」落實在政治層面的限制等，學者已有論及〔註16〕。本節主要在討論許衡政治思想制度化的相關問題，故不涉入儒家基本態度的論辯之中，一如本文先前所論，

〔註16〕五四時期，曾經形成激烈的反傳統運動，徹底否定中國傳統文化的價值，當然，中國傳統的政治理想，也隨之全盤否定。但到了五十年代，新儒家張君勵、牟宗三、徐復觀、唐君毅諸先生發表聯合聲明，他們認爲一味移植西方文化並不是合宜的做法，事實上，中國文化中早有西方民主科學的種子，藉由西方文化的刺激，中國便可滋發生長這些種子。近來，學者們開始質疑這種說法的合理性（如林毓生，〈新儒家在中國推展民主與科學的理論所面臨的困境〉一文，收入《儒學發展的宏觀透視》，台北：正中書局，1997 年），更有學者以明清之際的思想家言論爲證，認爲儒家根本揚棄「法治」的觀念（如龔鵬程，〈儒家對法治社會的反思〉一文，收入《儒學反思錄》，台北：台灣學生書局，2001 年）。經過這一連串的論辯後，我們認爲儒家堅持「人治」未必愚昧，他們也不是全然拋開「法治」的立場，只是將「法治」融入倫理道德之說，並結合「人治」以發揮其具體作用而已，我們將以這樣的體會爲基礎，試圖解讀許衡政治思想制度化的歷程。

許衡的政治理想是以倫理道德的價值觀爲基礎,其制度化的過程亦復如是,我們採取的基本觀念乃是許衡結合「人治」與「法治」兩者,在政治的實踐上以倫理道德觀念實之,就是「制度化」的成果。我們在以下各個範疇的討論之中,將帶著這些基本認識去了解許衡政治思想的制度化,或許可以藉此掘發許衡思想與實踐中的深層意義。我們曾經說過,許衡繼承儒家的傳統思想,建立了屬於自己的倫理道德價值體系,但絕對不是閉門造車,自絕於歷史的脈動之外,他以一腔經世的高度熱忱,念茲在茲的,就是造成一安和樂利的國家。所以,我們如果期望掌握他在政治上的主張,以及致力於「制度化」的努力,結合內在與外在的影響,並且同時標舉出他在「人治」與「法治」上的貢獻,才能盡得其要。

一、行漢法

元以異族入主中國,風俗人情,本與漢族有異,復以草原時期部落奴隸制度下,配合攻略殺伐的基本國策,皆與中原漢地的儒教大別,而從成吉思汗遣木華黎國王經略漢地之初,就已經意識到這個問題的重要性〔註 17〕,因此,以漢法治漢地的想法,早已是必然的趨勢了。其後繼任之元帝持續擴大在中原的統治範圍,這個問題日漸嚴重,同時在元人接受漢化程度也不斷加深之下,政治制度歸於漢化的訴求,便逐漸形成共識。元世祖忽必烈汗繼位之後,與南宋已成劃江而治的局面,由於其漢化程度頗高,儒臣們便積極爲推行漢化而努力,許衡在《時務五事》爲新帝國所規劃的「立國規摹」中,就指出「行漢法」應該是元朝的基本國策,因爲:

> 國朝仍處遠漠,無事論此,必如今日形勢,非用漢法不可也。陸行資車,水行資舟,反之,則必不能行。幽燕以北,服食宜涼;蜀漢以南,服食宜熱,反之,則必有變異,以是論之,國家當行漢法無疑也。(《魯齋遺書》卷七,〈時務五事〉)

南北不同,蒙漢有異,欲統治中國得以長治久安,就必須以漢法治漢地,這

〔註17〕成吉思汗詔令木華黎以偏師經略中原,拜太師、國王、都行省承制行事,其與金兵對抗期間就頗能借助地方勢力,協助滅金的軍事行動,並順承中原文化,時有保境安民之舉,譬如石天應、張柔、嚴實等人率眾歸降後,木華黎便令其投入滅金戰事,其中張、嚴二人得承制授漢軍行軍萬戶,子孫皆有忠義之名。我們認爲,木華黎的做法並非草原慣例,而是順應中原文化的特性,所採取的權宜策略。

種說法，並非純以民族意識爲先決條件，乃有其務實的意義。許衡的說法強調因地制宜，統治者應該考量政治的現實，採用合宜的策略，蒙古初起於大漠，因時地之宜而採蒙古法，一旦入主漢地則須以漢地成法爲標準，才是符合現實的選擇。然而，蒙古人以異族入主中原，夾著征服者的優越感，難免抗拒既得利益的減損，所以許衡也考慮到「然萬世國俗，累朝勳貴，一旦驅之下，從臣僕之謀，改就亡國之俗，其勢有甚難者。」這種情況之下，他告訴世祖「以北方之俗，改用中國之法，非三十年不可成功。」其後果然西北諸藩藉恢復蒙古舊法爲號召，與元廷展開了長期的鬥爭〔註18〕。

儘管如此，許衡仍舉史爲證，做爲必行漢法的理論依據，他說：

> 考之前代，地方奄有中夏，必行漢法可以長久，故後魏、遼、金能用漢法，歷年最多，其他不能實用漢法皆亂亡相繼，史冊具載，昭昭可見也。（《魯齋遺書》卷七，〈時務五事〉）

他一面不斷的論證「行漢法」的必要性，一面建請世祖對反對勢力「陛下篤信而堅守之，不雜小人，不營小利，不責近效，不惑浮言，則天下之心庶幾可得，而致治之功庶幾可成也。」（《魯齋遺書》卷七，〈時務五事〉），如此堅持行漢法的原則，才能日見其功。因此，在當時的環境之下，許衡不僅得與權臣在政治上角力，又一次次的善言勸諫世祖奉行儒教，做一個儒家政治理想中的聖君，正如同一個孜孜不倦的傳道者，爲儒家經世濟民的理想而奮鬥。所以歐陽玄稱讚許衡：「告世祖治天下之要唯在王道，及問其功則曰三十年有成，是以啓沃之際，務以堯舜其君，堯舜其民爲己任。」（《魯齋遺書》卷十三，〈神道碑〉），當非妄語。

事實上，有關「行漢法」的問題，我們可以從兩方面加以觀察：首先，在當時所謂的「行漢法」，不僅是一個概念，還是一個全面性的政治改革運動。元初儒臣們的積極投入，造成政治體制的大變動，譬如徐世隆曾說：「陛下帝中國，當行中國事，事之大者，首爲祭祀，祭必有廟，乞勑有司以時興建，從之。」（《新元史》卷一八五，〈徐世隆傳〉），儒臣徐世隆所建議的宗廟祭祀之禮，顯然是從中原漢地習俗而來。不僅宗廟祭祀之禮如此，朝儀的新訂，

〔註18〕 事實上，西域諸藩叛亂的原因很多，諸如封賞不足、裁藩、阿里不哥與海都等人的挑唆均是，但直接號召聯合叛變的主要藉口，就是行漢法有違祖制，《元史》中記載諸王的質詢「西北藩王遣使入朝，謂本朝舊例與漢異，今留漢地建都邑城郭、儀文制度，遵從漢法，其故安在？」（《元史》卷一二五，〈高智耀傳〉），就是一個十分明確的證據。

也是依循這個模式，「世祖至元八年秋八月，初起朝儀。先是，至元六年春正月甲寅，太保劉秉忠、大司農孛羅奉旨，命趙秉溫、史杠訪前代之禮儀者肄習朝儀。既而，秉忠奏曰：『二人習之，雖知之，莫能行也。』得旨，許用十人。遂徵儒生周鐸、劉允中、尚文、岳忱、關思義、侯祐賢、蕭㪍、徐汝嘉，從亡金故老烏古倫居貞、完顏復昭、完顏從愈、葛從亮、于伯儀及國子祭酒許衡、太常卿徐世隆，稽諸古典，參以時宜，沿情定制，而肄習之，百日而舉。」（《元史》卷六十七，〈禮樂志〉），許衡等儒臣在制定的過程中所謂「稽諸古典，參以時宜」，不就是參照中原漢法舊例，因時之宜，所訂出的一套政治常儀嗎？此外，甚至連國號的取擇也是，如世祖即位便採儒臣之議「取《易經》乾元之義」、「建國號曰元」（《新元史》卷八，〈世祖紀〉）〔註19〕，定為大元，即可略窺端倪。

然而影響最大，而且直接觸及統治者的皇位繼承制度者，就是儲君的立廢。蒙古草原時期，原無立儲之制，史載：

> 初蒙兀俗，不建儲，每汗之立，必經諸王百官集議，然後定策，謂之忽里勒塔。故雖斡歌歹汗之賢，有成吉思之遺命，定主神器，而巳丑踐阼之始，尚會議久之乃決。其後古余克汗、蒙格汗之立，時論頗有異同，爭端漸起，及中統初，遂有阿里不哥之釁，忽必烈汗鑑於前事，知漢法立儲，實宗社之計，乃定策立真金為皇太子。（《蒙兀兒史記》卷七十五，〈真金傳〉）

元世祖之前，汗位繼承人多由宗親功臣推舉〔註20〕，隨之爭端漸起，終於導致世祖之弟阿里不哥為爭汗位而叛，也因此引發了數十年的內戰。世祖為消弭後繼之君可能遭遇相同的問題，故接受儒臣之請，始有立儲之制，儒臣的建議是：「太子國本，建立之計宜早，臣聞三代之聖王有天下者，皆以傳子，非不欲法堯舜禪讓之美也，顧其勢有不能爾。」（《蒙兀兒史記》卷八十八，〈陳祐傳〉）〔註21〕，陳祐動言三代聖王、堯舜之舉，乃期望世祖以古聖先王之行

〔註19〕 本文採用《新元史》的版本是柯劭忞著（台北：藝文印書館，1982年），以下不贅。

〔註20〕 蒙古大汗去世後，依例由皇后攝政，再召開名為「庫里兒台」的部族大會，選出新的大汗，姚從吾在〈說蒙古秘史中的推選可汗與選立太子〉有詳細的說明（《姚從吾先生全集》（五），《遼金元史論文》，台北：正中書局，1981年）。

〔註21〕 本文採用《新校本蒙兀兒史記》的版本是屠寄撰（台北：鼎文書局，1978年），以下不贅。

為標竿，成千古帝業，其用心良苦，可見一斑，然對元廷而言，卻不啻為一政治制度的大變動。

其次，「行漢法」乃是為實際的政治需要。元初草創之際，人心未穩，世祖臨朝，雖可謂英明神武，蒙古以少數族人入侵中土，建國牧民，地位尚未穩固，且南有宋朝，西北諸藩虎視眈眈，阿里不哥、海都等人叛亂經年，久未伏誅，再加上蒙古原有以侵略為務的基本國策下，征戰殺伐多有，仁義治國之心少見。儒臣們便以不嗜殺諫之，譬如南征之時，姚樞引用前朝史實進言：

> 至曲先腦而，夜宴群下，公陳宋祖遣曹彬取南唐，敕無效潘美伐蜀嗜殺，及克金陵，未嘗戮一人，市不易肆，以其主歸。明日早行，上據鞍呼曰：汝昨夕言曹彬不殺者，吾能為之，吾能為之！公馬上賀曰：聖人之心，仁明如此，生民之幸，有國福也。（《元朝名臣事略》卷八，〈左丞姚文獻公〉）

姚樞以宋太祖不殺之事為例，說明仁義治國的功效，不正是以漢地成法改變蒙古陋習的最佳例證嗎？他所謂的「聖人」，就是期望元主效法儒教聖人的具體建議。

許衡在《時務五事》中提到的「為君難六事」，包括諸如「踐言」、「防欺」、「任賢」、「去邪」、「得民心」、「順天道」等君道之舉，其論述過程，動輒以「聖帝明主」，古聖先賢話語為證，又以《大學》、《孟子》、古史為例，其得之於理，施之於政，無不是其「行漢法」口號的具體實踐。我們可以說，「行漢法」雖是當時的一股政治的改革運動，也有實務性的功能，許衡投身其中，他不僅實際參與改革的行動，也透過上書封事，論證「行漢法」的必要性，又從古來「君道」的傳統中，引導世祖效法古聖先王，做一個永留青史的明主，此乃許衡「行漢法」觀念的具體實踐，也是他積極促進此理想全面制度化的初衷。

二、定官制

草原時期的大蒙古國成立之初，基本國策乃「內北地而外中國」〔註22〕

〔註22〕元末明初學者葉子奇中曾言：「元朝自混一以來，大抵皆內北國而外中國，內北人而外南人。以致深閉固拒，曲為防護，自以為得親疏之道，是以王澤之施。少及於南，滲漉之恩，悉歸於北。」（《草木子》，《四庫全書珍本》，台北：商務印書館，1974年）

故對漢地並無長期統治的打算，直到滅金之後，才開始留意經營。然依蒙古貴族「共享富貴」的觀念，所以在漢地持續實施類似封建規模的「投下」制度〔註23〕，同時，元初攻伐之際，爲方便管理而設立的權宜作法，都在當時造成不少的政治問題。故元初即有儒臣耶律楚材意識到這種問題的嚴重性，認爲「時天下新定，未有號令，所在長吏，皆得自專生殺，少有忤意，則刀鋸隨之，至有全室被戮襁褓不遺者，而彼州此郡，動輒興兵相攻。公首以爲言，皆禁絕之。」（《元朝名臣事略》卷五，〈中書耶律文正王〉），且提出「長吏專理民事，萬戶府總軍政，課稅所掌錢穀，各不相統攝。遂爲定制。」（《元朝名臣事略》卷五，〈中書耶律文正王〉）的主張。耶律楚材的用心，是希望地方軍、民、財政分立，以免大權集於長吏一身，造成社會的動亂，這是耶律楚材爲弭平漸已經浮現的政策問題，建議從制度上著手，立法定制，以保天下太平。

其後世祖御極，吏治的情況似乎未見改善，原因是，蒙古人以征服者姿態統治中國，故而元初時見蒙古官吏恣意妄爲，奴視漢民，世祖本人也好大喜功，任用權臣，大肆搜刮民脂民膏，這些現象都是儒臣們痛心疾首而力求改變的。元初儒臣廉希憲直言：「國家自開創以來，凡納土及始命之臣，咸令世守，逮今垂六十年。故其子若孫，並奴視所部，而郡邑長吏，皆其皁隸僮使，此在古所無。宜從更張，俾考課黜陟。始議行遷轉法，五品以上制授，六品以下敕授。」（《元朝名臣事略》卷七，〈平章廉文正王〉），廉希憲的這段話突顯了當時的吏治問題，而他的建議，則是從立法定制爲國家長治久安的大計所做的考慮。儒臣郝經說出一般儒臣對吏治問題的基本看法，他說：「以國朝之成法，按唐宋之典故，參遼金之遺制，設官分職，立政安民，成一王法。」（《蒙兀兒史記》卷八十四，〈郝經傳〉），元初釐定官制，大致是從這個角度開始著手的。

元代以中書省總攬國家大政，這是有別於唐、宋，甚至遼、金的中央政體，事實上，元代獨尊中書，乃基於現實的考慮。世祖建元之際，群臣已有

〔註23〕「投下」一名頭項，乃蒙古契丹呼貴族部者之稱，元廷保留草原時期的封建制度，使宗室、功臣皆可世代享受特權，詳見洪金富，〈從投下分封制度看元朝政權的性質〉（《中央研究院歷史語言研究所集刊》第五十八本第四分，1987年）；蕭啓慶，〈元朝的統一與統合——以江南、漢地爲中心〉（收入《元朝史新論》，台北：允晨文化公司，1999年）；孫克寬，《元代漢文化之活動》（台北：臺灣中華書局，1968年）。

復立三省之議，高鳴就曾提出獨尊中書省的建議，他說：

> 臣聞三省設自近古，其法由中書出政，移門下議，不合則有駁正，
> 或封還詔書。議合則還移中書移尚書，尚書乃下六部郡國。方今天
> 下大於古，而事益繁，取決一省，猶恐壅滯，況三省乎？且多置官
> 者，求免失政也，但使賢俊萃於一堂，連署參決，自不至於曠廢，
> 豈必別官異坐而後無失政乎？不如一省便，世祖深然之，議遂罷。
> （《新元史》卷一八八，〈高鳴傳〉）

從高鳴的說法可知，元初以中書省總攬大政之因，乃由政治效率的考慮爲先，其補救專權獨斷的措施，則從多設中書屬吏著手，故「至世祖始立行中書省於燕京，旋改中書省，置左右丞相、平章政事、左右丞、參知政事凡四等。」（宰相表），故成宗朝有「八府宰相」之稱。此外，世祖以來，中書令皆以皇太子兼領，並以相輔之，以免大權旁落，權臣專斷之危，故此議經元世祖的認同，成爲定制。

　　許衡在《時務五事》一文中，呼應了這個重大的決策，並給予更精緻化的闡述。許衡指出中書省事務雖然繁雜，但最重要的還是集中在「用人立法而已」，他的意見是：

> 髮之在頭，不以手理，而以櫛理；食之在器，不以手取，而以七取。
> 手雖不能自爲，而能用夫櫛與七焉，是即手之爲也。上之用人，何
> 以異此，不先有司，直欲躬役庶務，將見日勤日苦，而日愈不暇矣。
> （《魯齋遺書》卷七，〈時務五事〉）

他以櫛與七代喻之，說明天子與中書的依賴關係，不僅如此，他更將中書省代行天子之權落實在政治措施之上：

> （至元）六年，……詔（許衡）與太保劉秉忠、左丞張文謙定官制，
> 衡歷考古今分并統屬之序，去其權攝，增置冗濫倒置者，凡省、部、
> 院、臺、郡、縣，與夫后妃儲蓄百司所聯屬統制，定爲圖。七年奏
> 上之，翌日使集公卿集議中書、院、臺、行移之體，衡曰：中書佐
> 天子佐國政，院臺宜具呈。時商挺在樞密，高鳴在臺，皆不樂，欲
> 定爲咨稟，因大言以動衡，曰：臺、院皆宗親大臣，若一忤，禍不
> 可測。衡曰：吾論國制耳，何與於人？遂以其質之御前，（忽必烈）
> 汗曰：衡言是也，吾意亦若是。（《蒙兀兒史記》卷八十六，〈許衡
> 傳〉）

許衡推動中書省爲中央行政主體的具體意見，就是置樞密院、御史臺爲下屬，議事均須上呈中書，後乃決於天子，此舉雖引發兩署重臣不悅，威之以勢，許衡卻仍不爲所動，可見其爲國定制立場的堅定。因此，中書省地位穩固，其後「（文宗）詔曰：昔在世祖以及列聖臨御，咸令中書聖綱維百司，總裁庶政，凡錢穀、銓選、刑罰、興造，罔不司之。自今除樞密院、御史臺其餘諸司即左右近侍，敢有隔越中書奏請政務者，以違制論，監察御史其糾之。」(《新元史》卷二十一，〈文宗紀〉)，元代中書省的權力能有諸如重要人事議除、注擬及調動權；奏荐權；考績權；審刑權；指揮監督權；議政權〔註24〕，大概都可視爲許衡爲政治理想制度化所獲得的成果。

地方官制方面，許衡早有接觸，史載「時民間徭戍繁迫，舅氏適典縣史，先生從授吏事，參搉名議，考求立法用刑之原，久之，以應辦宣宗山陵，州縣追呼旁午，代舅氏分辦，因見執政方怒，舅氏不敢見，及見先生應對，則以溫言撫慰，及還，嘆曰：民不聊生，而事督責以自免，吾不爲也，遂不復詣縣，而決意求學。」(《魯齋遺書》卷十三，〈考歲略〉)，他雖然不以吏事爲業，專心求學，終成一代儒學大師，但他卻對官吏擾民的現象深有體會。如本章第三節所論，許衡有關「臣道」的看法，是結合「君道」的觀念而來，他一再強調爲人臣子應該克盡輔弼之職，不能僭越，所以「爲人臣者，常存心於君，以君心爲心，承順不忘，願國家之事，都得成就，即是至公心，可謂仁也。於自己爲臣之分，各有所當職，常保守其分，不敎虧失，可謂義也。」(《魯齋遺書》卷二，〈語錄下〉)，如果違制僭越，甚至意圖窺竊神器，凶咎危亡畢至，不如謹守本分，以順承上意，下恤兆民爲是。但許衡並非只宣示效忠君主的重要性，他更指出爲臣者在責善於君，致君堯舜，順天利民上的崇高意義，這是對儒道的堅持，也是順承既有政治體制下，維持不斷自覺努力的惟一目標。所以他說：

> 賢者以公爲心，以愛爲心，不爲利回，不爲勢屈，眞之周行，則庶事得其正，天下被其澤。……人君位處崇高，日受容悅，大抵樂聞人之過，而不樂聞己之過；務快己之心，而不務快人之心，賢者必欲匡而正之，扶而安之，使如堯舜之正、堯舜之安而後已。(《魯齋遺書》卷七，〈時務五事〉)

如此君臣遇合以成萬世太平之基，這就是許衡對爲臣者的深切期許。

〔註24〕請參閱楊樹藩，《元代中央政治制度》(台北：台灣商務印書館，1987年)。

　　許衡不僅在理念上宣傳爲臣之道，他更積極投入官制的制定，與現實的政治鬥爭之中，譬如面對王文統奏予許衡三人虛職，許衡以不合師道堅拒〔註 25〕；權臣阿合馬父子欲總攬兵、民、財三權，許衡以反道黜之〔註 26〕；許衡在奏議中一再駁斥「聚斂之臣」殘國蠹民之舉〔註 27〕。凡此種種，都是許衡力求其「君臣之道」思想制度化所做的努力，更重要的是，元初吏員多乃熟稔錢穀簿冊的實務工作者，較之他朝，地位甚高，惜多未經儒學教化，許衡興學於北方，昌明聖道，由是爲吏者亦霑儒教，政治風氣因而爲之一變，這是我們不能忽略的現象〔註 28〕。程端禮談到許衡倡導朱熹之學時，曾說：

> 儒爲學者之稱，吏則其仕焉之名也，名二而道一也，儒其體，吏其用也。學，古入官，古之制也。……自許文正公得朱子之學，以光輔世祖皇帝，天下學者始知讀朱子所釋之經，知眞儒實學之所在，然則士生今日者，可不自知其幸歟！誠能讀其書，而眞修實踐焉，以儒術而行吏事於從政……子夏曰：仕而優則學，學而優則仕，然則儒吏果二道，而有所輕於其間哉？（《畏齋集·儒吏說》）

「誠能讀其書，而眞修實踐焉，以儒術而行吏事於從政」，不就是儒家「內聖外王」的理想？經由程端禮的說明，我們就得以了解許衡學術思想影響

〔註 25〕　《元史》的記載是王文統以言利進爲平章政事，姚樞許衡等人在世祖面前動輒言治國應以仁義爲先，竇默又常在帝前排文統學術不純，與樞衡相呼應，文統乃奏姚樞、竇默、許衡三人爲太子太師、太子太傅、太子太保，使之遠離帝側，然時未立太子，默與樞欲避禍東宮，將入謝，衡曰：「此不安於義也。姑勿論禮，師傅與太子位東西鄉，師傅坐，太子乃坐，公等度能復此乎？不能，則師道自我廢也。」（《元史》卷一五八，〈許衡傳〉）

〔註 26〕　史載阿合馬「其子又有僉樞密院之命，衡獨執議曰：國家事權，兵、民、財三者而已，今其父典民與財，子又典兵，不可。帝曰：卿慮其反耶！衡對曰：彼雖不反，此反道也。阿合馬由是銜之。」（《元史》卷一五八，〈許衡傳〉）

〔註 27〕　許衡的說法是：「今國家徒知斂財之功，不知生財之由，不惟不知生財，而斂財之酷，又害於生財也，徒欲防人之欺，不欲養人之善，所以防者爲欺也，不欺則無事於防矣！欲其不欺，非衣食以厚其生，禮義以養其心，則亦不能也。徒慮法令之難行，不患法令無可行之地。上多賢才，皆知爲公；下多富民，皆知自愛，則令自行、禁自止。」（《魯齋遺書》卷七，〈時務五事〉）

〔註 28〕　姚遂曾謂仕進三途：「一由宿衛，一由儒，一由吏。」《牧庵集·送李茂卿序》，宿衛的部分是少數，以儒進用者也少，最多是從吏員入仕，科舉施行前後，這種現象差距不大，許多儒臣也是由刀筆吏出身的，針對這個歷史現象，儒臣們就提出以儒術緣飾吏治的呼聲。詳見王明蓀，《元代的儒吏之論與儒術緣飾吏治》（〈華學月刊〉第一三九期，1983 年）。

之深遠了。

三、興教化

　　先秦儒家開始，即重視教育的工作。儒家的教育是講求「有教無類」，教育的內容則以「明人倫」爲核心，囊括從「內聖」到「外王」的一切內涵。然而，以儒家從事教育的心態來說，則有兩種不同的區別：一是仿效孔孟的情況，雖在政治上不得志，仍藉由教育傳播學說，薪火相傳，冀望有朝一日達到治國平天下的理想；一是在朝爲官者，透過施政的手段，將教育的法度確立，期使儒學因而昌盛，同時也爲國家薦拔人才，即時以儒教治理國家，希望也能達到治國平天下的理想。兩者雖然都是期望完成儒家治國平天下的大業，然心態有異，故取徑也有所不同，因而在教育工作上的表現，偏重處當然隨著心態與客觀環境的限制，各有擅場。

　　儒臣提倡儒學教育，是在政治力的影響下運作的，政治力的影響，各有優缺點，對儒臣而言，較之前述的在野者，恐怕更需要運用某種政治的智慧了。政治力的影響，可以造成風行草偃的效果，因爲從中央到地方的貫徹執行，教育政策可以與其他的法令一般，收到即時的成效，藉由法制化的過程，教育的事業也可以在一定的規模下，持續成長，而且影響深遠。然而，正因有政治力的影響，學術上五彩繽紛的現象不在，教育的理想、功能、內容，甚至教法都是一致化，教育作爲制衡現實政治的功能不在，卻淪爲只是爲國家選拔人才，便利政治運行的順暢而已。

　　元初儒臣以身居廟堂的立場推廣教育工作，除了藉「經筵講席」對帝王講學之外〔註29〕，一開始就希望儒學教育制度化，譬如郝經在奏章上說：「於是法度廢則綱紀亡，官制廢則政事亡，都邑廢則宮室亡，學校廢則人才亡，廉恥廢則風俗亡，財賦廢則國用亡。」（《全元文》卷一二一，〈立政議〉），學校與法度、官制、邑等同列，就是把教育視爲政策之一，可見儒臣試圖利用政治的手段推動教育的工作。儒臣既然將教育視爲政策之一，對元代統治者而言，教育也要有如其他政策的實效，才能說服其支持這項做法，許衡就抓

〔註29〕譬如儒臣竇默與世祖的一段對話，可做爲經筵講學的實例，竇默「首以三綱五常爲言，上曰：何爲三綱五常？公一一言之，上曰：人道之端，無大於此。失此，則不名爲人，且無以立於世矣。公又言：帝王之學，貴正心誠意，心既正，則朝廷遠近莫敢不正。自是敬待加禮，不令暫去左右。」（《元朝名臣事略》卷八，〈內翰竇文正公〉）

住了元帝的心態，指出推廣儒學教育對政務上的功效，他說：

> 上都、中都，下及司縣皆設學校，使皇子以下，至於庶人之子弟，
> 皆從事於學，日明父子君臣之大倫，自灑掃應對，至於平天下之要
> 道。十年以後，上之所以御下，下知所以事上，上和下睦，又非今
> 日比矣！能是二者，則萬目皆舉；不能是二者，則他皆不可期也。（《魯
> 齋遺書》卷七，〈時務五事〉）

元以異族入主中原，人心不穩，蒙漢觀念時見衝突之勢，許衡所言之「上之
所以御下，下知所以事上，上下和睦，又非今日比矣！」就是建立一個長治
久安政局的必要條件，這種說法，顯然是針對元世祖的處境而言的。

如果我們從元帝的心態上觀察，或許有另外一番的解讀。遼、金兩代從
太祖肇基之始，即尊孔子、崇儒教，此後興辦學校、開科選舉，皆以儒學為
主，這個現象也在元世祖的統治時期發生，我們相信，除了邊疆民族崇拜中
原文化的因素外，應該有其更加務實的意義。《元史》中有一段記載是這樣的：
「世祖嘗暮召我先人（不忽木）坐寢榻下陳說《四書》及古史治亂，至丙夜
不眛。世祖喜曰：朕所以令卿從許仲平（衡）學，正欲卿以嘉言入告朕耳，
卿益加懋敬，以副朕意。」（《元史》卷一四三，〈躞躞傳〉），世祖令不忽木跟
隨許衡學習，是為了政治的考慮，事實上，也有蒙漢親疏的顧慮。不忽木是
蒙古人，也是世祖所信任且足堪重任的大臣，所以世祖提倡儒學教育有其政
治統治上的考慮。不忽木也了解世祖的苦心，他說：「臣等向被聖恩，俾習儒
學。欽惟聖恩，豈不以諸色人仕宦者常多，蒙古人仕宦者尚少，而欲臣等曉
識世務，以任陛下之使令乎？」（《元史》卷一三〇，〈不忽木傳〉），蒙古人以
武勇立國，文治多缺，子弟教育內容原與中原不同〔註30〕，故而其治理中國
時，便不得不借助儒家的政治思想了。於是，儒臣們與世祖的想法一拍即合，
中央儒學的教育一開始還是以教育蒙古子弟為主，教育的功能則是重在為國
家選拔人才。

許衡的教育作為雖是有意識的為國家培養人才，但他藉政治的力量，在
傳播程朱理學的事業上，有一定的成績，且常為後世所稱頌。許衡雖然在政

〔註30〕 元世祖之前，蒙古人並無學校教育，然其教育方式，乃是結合遊牧生活型態
與部落首領的權威而來的，所以諸如「家庭教育」、「生活陶冶」、「圍獵訓練」
是基於草原生活的特性；「法律之實踐」、「成吉思汗之示範」與「怯薛制度」
等，則是來於部落首領的權威。參見袁冀，〈十三世紀蒙人之教育〉（《東方雜
誌》第二十二卷第十二期，1989 年）。

治力的影響下，推廣其儒學教化事業，但他仍然堅持儒家教化的方式，史稱其弟子耶律有尚遵循他的教學方式為：

> 其立教以義理為本，而省察必眞切；以恭敬為先，而踐履必端慤；
> 凡文辭之小技，綴輯彫刻足以破裂聖人之大道者，皆屏黜之。是以
> 諸生知趨正學，崇正道，以經術為遵，以躬行為務，悉為成德達材
> 之士。(《元史》卷一七四，〈耶律有尚傳〉)

許衡的教學方式許多是延續傳統的教學策略，教學內容部分是來自於對程朱理學的體會，但也有部分是基於長期教學經驗的累積，提出了許多教學上的新策略，頗能符合實際的需要，這個部份，本文將於第七章再行補述。

事實上，許衡不僅在教育的理論與教學的實踐上，提出許多務實的見解，從他開始接受國子祭酒之職，以弟子為助教，積極宣揚孔孟之道、程朱之學，就已經為後世示範了一套儒學教育的法度。蘇天爵曾經描述許衡教化事業的功蹟為：「世祖皇帝既定天下，惇從文化，首徵覃懷許文正公為之輔相，文正之學，尊明孔孟之遺經，以及伊洛諸儒之訓傳，使夫道德之言衣被四海，故當時學術之正，人才之多，而文正之有功於聖世，蓋有所不可及焉！」(《滋溪文稿‧伊洛淵源錄序》)。由於許衡首創之功，中央與地方官學固已遵循許衡規模，元代的地方私學也列入管制，不僅主持鄉縣學者由中央任命，書院的山長也變成官方指派，所以元代書院數量雖比兩宋更多，但教育的性質已是大不相同〔註31〕。因此，許衡之學得以迅速擴展，而成為元代正統學術，當有其時代的主客觀因素，即便如此，許衡從幼年時「刻意墳典，欲求古者為治為學之序，操心行己之方，一言一行必質諸書。」(《魯齋遺書》卷十三，〈考歲略〉)的學習態度，到任教時誘導學子們「閱子史必須有所折衷，六經語孟乃子史之折衷也。……以此夷考古之人而去取之，鮮有失矣。」(《魯齋遺書》卷一，〈語錄上〉)的求學堅持，仍可於教育的內涵上堅持儒家的理想，為後世執教者的典範，由是儒學教育雖無法如在野者具有批判的功能，卻能在政治的影響力之下，仍不失儒學本色。

〔註31〕 元代書院十分興盛，數量也超越前代，其中官方的支持是主要的原因，也正因如此，書院官學化的情況十分明顯，山長的任命、教學方法、教材的選用等，中央政府可以掌控，這是不同於宋代書院之處，詳見王炳照，《中國古代書院》(北京：商務印書館，1998年)、王炳照、郭齊家主編，《中國教育史研究──宋元分卷》(上海：華東師範大學出版社，2000年)、畢誠、程方平，《中國教育史》(台北：文津出版社，1996年)。

第七章　許衡倫理道德價值體系的建構
（三）——教化的志業

　　自從孔子以來，儒家就很重視教育事業的經營，一直到兩宋，儒者對教育工作的奉獻，更是不遜於古人。歷史的記載中孔子是因為政治的不得意，所以退而從事教育和整理經籍的工作，因此博得「至聖先師」的尊號，為後人所推崇。其後孟子、荀子兩人，表現在教化的功蹟，也是遠遠凌駕於其實際的事功之上，故而後代仕途失意之人，便仿效孔子，寄託於諸生吟哦誦書之聲，抑鬱以終。如果上述是事實，儒家的教育事業似乎可以化約成一種簡單公式：「求仕→失敗→教育」，然而，作為一個統領中國數千年的學術思想，這樣的簡單公式絕對無法說明其深邃內涵於萬一，但是，我們卻可藉由這種現象中，深入探討儒家教育思想的一些實務的問題。

　　先秦的儒家在言行上所示範的，是一種入世的思想，「內聖」與「外王」之間，並不是毫不相干的對立兩造，儒者在孔子積極的經世思想驅使下，求仕是一種理所當然的行為，卻不意味著是必然的行為，因為在「仕」與「不仕」的決定前，還得在倫理道德的標準上做功課。換句話說，儒家所關注的問題不是在求仕與否，而是在一套衡量是否出仕的標準之上，於是，前述認為教育是由於求仕失敗而不得不做的工作，並不能完全說明儒者執著於教育事業的努力。這是因為，不求仕而能專心於教育工作，其傳承學術思想之舉，自然是功不可沒；身居廟堂一樣也可以熱心教育的事業，從而發揮更大的影響力，全面性傳播儒家思想的精華。如果我們再深入探討儒者積極於教育事業的用心，便可以發現，影響儒者教育觀念的成因十分複雜，諸如教學者「入

仕」或「歸隱」的生活狀態、經世立場的強弱、時代的興衰、民族的認同等因素，都是造成儒者從事教育事業上不同表現的差異緣由。

　　許衡是一位爭議性很大的儒家學者，但爭議的焦點多是集中在他當蒙元之世，屢召屢辭的表現。有人說他不顧夷夏之辨，變節仕元；又有人說他屢召屢辭，惺惺作態，沒有原則，但是提到許衡在當時的教育功績，卻是眾口一辭，交相讚譽的，這足可顯示許衡的教育事業的確有可取之處。然而，就一個爭議性的人物而言，他的教育思想是怎麼形成的呢？他在教育上的實際作為為何？要瞭解這個問題，我們必然得在褒貶的兩極化評論中找一個定位，可是，得先確立這個詮釋立場的前提是怎麼來的。許衡教育思想藍圖的完整勾勒，絕不是只停留在他「說了什麼？」、「做了什麼？」為滿足，應該是在以一個儒者的立場去思考「教育」的意義，這個立場，可能涉及他對傳統的認識，更是身處時代環境下的自覺，我們認為，這就是形成許衡教育思想的關鍵因素。由此上下通貫，許衡教育思想的精義方可豁顯，許衡的用心與其在時代環境中的教化意義，得以獲得充分的朗現，而不是只停留在某種主觀的認定上，從而全盤贊同或否決其歷史的價值。

　　前述各章，我們已充分討論了許衡建構其倫理道德價值體系的過程，總的來說，許衡從「自然觀」到「心性論」的認識中，建立了其倫理道德價值觀的基礎，又聯繫到「格致論」與「知行觀」的部分，藉以全面性的醞釀此倫理道德的價值體系，這兩個部分完成之後，許衡的論理道德價值體系已然成形。本文認為該體系中，許衡將「道德修養功夫」做為基礎，發展到「政治思想與實踐」與「教化的志業」兩方面，即為其「內聖外王」理想的具體展現，本章所要探討的，就是許衡在這個體系中「教化的志業」部份。然而，在討論有關許衡教化的志業之前，我們認為有幾點必須事先辨明的：首先，許衡的教育思維固然是傳統儒家教育思想的繼承，但我們仍然不可忽略外在環境種種因素的影響；其次，我們已界定許衡的教化志業歸屬於其倫理道德的價值體系，它與體系中的其他部分，應該存在著某種密切的互動關係；再者，正由於上述兩項因素，許衡的教育思想和實踐，必然朝向某種積極的目標努力，所以我們在論述許衡的教化志業時，就應該盡力突顯許衡的文獻和歷史表現背後的關鍵因素。否則，只是平列地展示許衡說什麼，做過什麼事，或許將無法呈現許衡思想可貴之處。

　　以下各節，我們將分別討論許衡在「教育目標」、「教育內容」、「教學策

略」、「績效與影響」的內涵與表現。我們認爲，許衡的「教育目標」乃是其繼承儒家傳統的教育思想而來，但我們不能忽略他在廣泛而且曲折的學習歷程中，所產生對儒家教育觀的特殊解讀現象。更重要的，來自於傳統儒家與程朱理學的理解與繼承，在他形成教育的目標時，所形成的巨大影響，將是我們集中討論的問題。接下來，許衡從多方面思維所構築而成的「教育目標」，必然直接影響其「教育內容」與「教學策略」的設定，換句話說，許衡有關「教育內容」和「教學策略」的看法，都是爲完成其「教育目標」所做的規劃，如此一來，他在「教育內容」、「教學策略」的內涵，不是人云亦云，因循苟且，而是經過一番的反省與體驗而成的結果。因此，許衡將此反省與體驗的成果落實於教育的實務工作中，就能造成某種「績效與影響」，直接地在當時的教育環境上，發揮其具體的功能了。

第一節　教育的目標

　　儒家傳統的教化觀，實與其學術思想，有其內在的關聯意義。我們認爲，儒家「有教無類」、「因材施教」、「循循善誘」等教學方法，乃是基於教育階級意識的破除與學生特質屬性的認識，其歸結而成的許多教育原則，不僅在當時是教育觀念的革新，更已成爲後世教育工作者所應奉行圭臬，縱使西方教育思想盛行的今日，也不廢此道，故其當爲亙古不變的眞理。然而，這些教育的原則是怎麼形成的？與儒家本身的學術思想有何關聯？又與實際的政治產生何種互動情形？解決這些問題，都必須先從儒家教育目標的澄清開始做起。許衡奉行儒家精義，自然也不能離開這個基本方向，但因其時勢的歸趨，許衡當有所調適，但在教化志業上的思考，還是得從教育的目標開始說起。

　　事實上，先秦儒家的教育思想從未脫離倫理道德的思維之外，所以他們教導學生首在認識社會的倫理秩序，接著要求在此秩序下所應展現的合宜行爲，此兩者合論，就是倫理道德的教育了。因此，儒家的教育方式通常是從人倫關係的介紹與展示開始，釐定各種不同角色之間應有的互動行爲，但這絕非終點，因爲儒家在此處引發了兩個問題：一是倫理道德意識的前提爲何？一是倫理道德努力的實踐範圍爲何？儒家以「道德理性」的自覺回應前者的問題，譬如孔子多從當下指點行「行」、孟子言「四端」不脫具體的情境分析等，都是明證；後者則是一個實踐的範疇，儒家以「內聖外王」的觀

點詮之，此乃實際要求從內在的道德修養，進而發展到「齊家」、「治國」、「平天下」的整體事業之中，孔子周遊列國、孟子轍環天下，都是積極尋求經世所做的努力。因此，儒家要求人們在人倫關係認識的前提下，自覺地展開道德的行爲，而教育的目標就是培養學生道德修養的自覺與工夫。此外，爲了日後積極地貢獻社會，學生們除了充實道德修養的工夫之外，也必須被訓練成未來的社會中堅，爲國家社會奉獻一己之力，以完成「內聖外王」的理想。

綜上可知，傳統儒家的教育目標應該集中在「明人倫」、「道德修養」、「培養人才」之上，對許衡而言，他的教育思想也同樣繼承這樣的教育目標思維模式。其中「道德修養」的部分，本文第五章已經討論，所以此處將融入各範疇的論述中，不再另立標題。然而，爲什麼我們在提及許衡的「教育目標」時，需要特別指出「內聖外王」這個範疇呢？這就涉及到他對程朱理學的解讀與時代環境的體認。現存有關許衡思想來源的資料，多是來自於對程、朱學術思想的消化吸收，尤其朱子的學說，更是許衡本人所特別強調的，後世也認爲許衡的最大功績，就是傳播朱子的理學思想。但是，這種公論的背後是有一番曲折的過程：其一、史載江漢先生趙復北傳理學，是一個歷史的機緣，卻造成一股熱潮，當時的儒者競相學習，論學和論政，多是依照程、朱規模；其二、許衡在接受程、朱之學前，已對儒家思想有一段非理學式的學習和體會，接受程、朱之學後，則拳拳服膺。

我們認爲，掌握許衡複雜的學習過程，將有助於了解其教育思想的內涵，這是因爲思想家學術系統的建立，絕非一蹴可幾，即使明言學脈的繼承，也必然因爲不同的自覺體悟，而採取某種程度的揉合改造、調適轉化。更何況許衡生於亂世，學習過程曲折，再加上經世致用的積極訴求，所以許衡雖基本上以繼承程朱理學爲職志，也不得不因自我的體認與客觀環境的需要，而有新的詮釋內涵。本文重在探討許衡的教化志業，所涉及的是儒家經由「內聖」而「外王」的努力，相對於程朱較著重於「內聖」工夫的經營，許衡對其學說調適轉化而偏重「外王」的現象，似乎已屬應然，這也是我們企圖掌握許衡教化志業前，必須先具備的觀念。許衡繼承前輩儒者的教化觀念，或是另有新的體會，都是在經世思想的內涵中逐步蘊釀而成的。因此，或許我們可以大膽假設，有關許衡教化的志業，他提出來的「基源問題」應該是：「如何透過教育，發揮儒家經世思想的效用？」了。

一、明人倫

　　所謂的「人倫」，就是指人類社會中的倫理秩序，這個部分涉及血緣關係中的父子、兄弟，以及姻親關係的夫妻、親屬，另外，也包括傳統社會互動關係下的君臣、朋友等。我們將「倫理」解釋為社會的倫理秩序，便已將其限定在某種人類社會的組織脈絡之中，所以他並非泛指天地間的自然法則，或者是某種宗教意義的輪迴報應，而是實實在在的關乎人倫日用之間一套社會成員的互動規範。然而，這套社會成員的互動規範，並非一成不變的鐵律，而是依照所處的地位而調適出的因應之道，譬如父子、兄弟、夫妻、親屬關係，乃不可更易者。然而社會互動所涉及的君臣上下、同儕朋友之理，卻常因地位轉換而變動，儒家認為社會互動關係並非恆久不變，熟知倫理關係者應隨地位的轉變，掌握合宜的因應之道，才是正確的做法。此外，即使某些社會倫理的關係是固定不變的，也並不意味著必然死守某些既成的規範，不可逾越，而是應該從外在的形式中尋找內在的價值，自覺地遵照實行，如果時代改變，縱使倫理道德外在形式改易，方可不失其內在的價值精神。

　　但是，儒家的教化工作，為什麼特重人倫之事呢？我們曾經說過，儒家本有積極的經世熱忱，所以他們專注於探討一套合宜的社會倫理規範，用以維持社會倫理秩序的和諧與穩定。然而，儒家的學術思想儘管盡萃於斯，卻不免僅侷限於一派之說，若要真正的全面落實，就得透過某些積極的作為，才能有所成績了。我們認為，儒家從兩方面落實維持社會和諧倫理秩序的主張：首先，儒者從獻身於社會制度的興革做起，企圖在政治的舞台上展現儒學的價值；此外，他們透過教化的力量，教育社會的成員，共同肩負起維護倫理秩序的責任。前者，我們在第六章討論其政治思想與實踐時，已經詳細交代，此處不再贅述，後者則是本章的重心，所以必須詳加疏解。

　　儒家希望透過教化的力量，喚起社會的所有成員，共同投入維護社會倫理秩序的工作之中，這種想法，具體落實到教育的措施之上，卻有其多層次的意義，以下我們將嘗試展開這個意義，藉以突顯儒家教育工作的重要性。首先，和諧的社會倫理秩序乃是天理的具體展現，教育的工作，就是要使人充分了解此天理的真諦，許衡也認同這樣的看法。他說：

> 明倫，明者明之也，倫者倫理也。人之賦命於天，莫不各有當然之
> 則，如父子之有親、君臣之有義、夫婦之有別、長幼之有序、朋友
> 之有信，乃所謂天倫也。（《魯齋遺書》卷三，〈小學大義〉）

社會倫理秩序乃效法天道而來，正因「五常性也，天命之所性，性分中之所固有，君臣、父子、夫婦、長幼、朋友所行之道也，率性之道，職分之所當為。」（《魯齋遺書》卷一，〈語錄上〉），所以許衡積極宣示：

> 學則三代共之，皆所以明人倫也。司徒之職，教以人倫而已。凡不本於人倫，皆非所以為教。樹之君以立教，僅此教也；作之師以立教，教以此也。（《魯齋遺書》卷三，〈語錄上〉）

因此，許衡主張透過政治和教育的力量，使人們了解並遵守此人倫大義，藉以完成此人倫內涵的具體實現。

其次，教化以人倫為要，不僅是為遵循天理，還有治亂的實際考慮。儒家認為政治的隆污，時局的好壞，繫乎每個社會成員因其所處地位，恪守本分，否則上下失序，終致違法亂紀，無所不為。這種想法，也被許衡所繼承，他曾說：

> 人而不能明人之倫理，則尊卑上下輕重厚薄，淆亂而不可統理，其甚者，至於父不父、子不子、君不君、臣不臣，夫婦長幼朋友，各不居其夫婦長幼朋友之分，豈止淆亂而不可統理，將見禍亂相尋，淪於禽獸而後已。（《魯齋遺書》卷三，〈小學大義〉）

若以金末元初的亂局而言，改朝換代所呈現的君庸臣昏、政出無狀，民不聊生、骨肉相食的慘狀，再加上蒙古人燒殺劫掠、奴視漢民的政策下，許衡重新宣示儒家的人倫大義，當有其時代意義。元世祖雖勵精圖治，延攬儒士，但仍重用「聚斂之臣」，東征西討，好大喜功，儒臣們不斷勸諫世祖，其所持的理由，就是人倫大義〔註1〕。教化的目的，主要是在使人人知三綱五常的人倫大義，並因其所處地位，採取合宜的做法，天下國家得以長治久安，否則將亂象叢生、不得安寧。這是儒家一貫的主張，也是許衡對元廷的具體建議，所以他說「自古及今，天下國家惟有個三綱五常……三者既正，則他事皆可為之，此或未正，則其變故有不可測知者，又奚暇他為也。」（《魯齋遺書》卷一，〈語錄上〉），便是針對時局所提出的積極建議。

〔註1〕譬如張文謙所謂「王者之師，有征無戰，當一視同仁，不可嗜殺。」（《元史》卷一五七，〈張文謙傳〉）；姚樞引用前朝史實進言：「至曲先腦而，夜宴群下，公陳宋祖遣曹彬取南唐，敕無效潘美伐蜀嗜殺，及克金陵，未嘗戮一人，市不易肆，以其主歸。明日早行，上據鞍呼曰：汝昨夕言曹彬不殺者，吾能為之，吾能為之！公馬上賀曰：聖人之心，仁明如此，生民之幸，有國福也。」（《元朝名臣事略》卷八，〈左丞姚文獻公〉），都是十分明顯的例子。

此外，教育工作上之所以強調「明人倫」，除了上應天理，力圖長治久安之外，也指示出一條儒家經世濟民的主要方向。儒家相信「修身」、「齊家」、「治國」、「平天下」之間，存在著必然的相關性，前者不能落實，後者則無由成立，因此，儒家堅信內在的道德修養是「外王」事業成功的不二法門。儒家之所以相信道德修養是「內聖外王」的基礎功夫，乃是因為道德修養工夫同樣為維繫社會倫理秩序而設，社會秩序有賴每一成員遵守某些共同的倫理價值信條，而「明人倫」的教育工作，就是在使每一個社會成員了解此倫理價值信條，逐步地為天下國家貢獻自己的心力。許衡身為儒者，自然也認同這種看法，他說：

> 孔子道脩身在正心，這的是大學裏一個好法度，能正心便能脩身，
> 能脩身便能齊家，能齊家便能治國，能治國便能平天下，那誠意格
> 物致知都從這上頭做根腳身。（《魯齋遺書》卷三，〈大學要略〉）

「正心」是「修身」的基礎工夫，由此身、家、國自然得其正，天下也自然平遂，長治久安。就實際的狀況來說，每個人都因明人倫大義，就能「人心既正了，身又脩得正，在一家之中，為父者慈，為子者孝，一日在朝廷為官，決忠於君，在家兄弟和睦，在外與人做伴當老實，心裏慈愛。」（《魯齋遺書》卷三，〈大學要略〉），如此上下和樂，各得其所，為政者修身自理，又能愛民如子，教育的工作能夠發揮這樣的功能，「內聖外王」的境界便不難達成。

二、培養人才

儒家原本在教育對象的基本訴求是「有教無類」，許衡以一儒臣興學，當具有更特殊的意義。許衡的學生包括一般的知識份子（在朝或在野），又有蒙古貴冑子弟，甚至僮僕家人、地方百姓等，更重要的，應該還包含元朝的統治者。許衡面對不同的教育對象，若在當時，完全是考驗教學者的用心與毅力，至於教育的良窳，乃至因而對後世的影響，更是涉及學術傳承與經世濟民理想的具體實現，回顧許衡的處境，可見其勤苦之甚，而其所擔負者，乃是「用夏變夷」、「表正萬邦」的重大使命了。因此，如欲探求許衡的教育思想，就不能只是平面的瞭解他的言論和作為，更應該瞭解背後所蘊含的意義。我們認為，如果從許衡教育的對象入手，同時詳究他對這些對象的期待，所獲得的結論，大概就能具體的描繪出許衡的用心，以及他希望透過教育傳達哪些具體的意識了。

中國自古就有「道統」與「治統」二分的自覺，尤其唐代的韓愈勾勒出「道統」的脈絡之後，兩宋理學家即以傳承道統者自居，對代表「治統」的政治宰制者，維持著某種合作又對立的關係。儒者透過某種啓發或引導的方式，企圖使古聖先王清明之治再現，政治宰制者也藉著儒學取得合法的地位，當然，也在某種程度上接受儒家的理想，作爲統治的依據。然而，儒者有時以清流士大夫的姿態批評時政，政治宰制者就以高壓箝制的手段，整肅這群儒者，這種現象歷史多有記載，不煩備引，此乃我們所謂的合作又對立的關係〔註2〕。本文的重點不在討論「道統」與「治統」的關係，但我們要特別指出的是，介於合作與對立兩者之間，存在著一種調和兩造的形式，就是「經筵講學」、「奏疏」等教育形式。

事實上，先秦孔孟荀三哲不就是以布衣而爲王者師的姿態，周遊天下，論學講道的嗎？唐宋以來，儒者得在帝王皇儲貴胄前論學講道，同時儒者也藉機提出時政利弊，和自己的福國利民主張。或許某些統治者只是利用經筵講學妝點帝國禮賢下士的假象，卻可因而緩和「道統」與「治統」緊張的對立情況，又建立了合作的可能性，故而唐宋兩代常可見儒者與帝王於廟堂上的精彩對話。元世祖居潛邸時，身邊就有一群儒臣經常出謀獻策，其後與阿里不哥爭奪汗位時，這群儒臣也殫心竭慮，甚至效命軍前，在繼位大汗後，他就和儒臣的關係更密切了。《元史》中常見君臣間即興的對話，對話的內容有時來自世祖求治的詢問，有時則是儒臣主動的獻策，所以儘管經筵講學流於形式，「治統」與「道統」間也維持還算和諧的狀態，史載許衡就有多次與世祖的對話，內容涉及國計民生、文化、學術、經濟，甚至教育事業的擘劃，也在其中。後人認爲許衡與世祖的君臣關係十分和諧〔註3〕，誠然，以許衡爲首的一批儒臣，他們與漢唐、明清的知識份子經世的熱情無異，之所以能造

〔註2〕 黃俊傑認爲：「儒學傳統與政治現實之間，另有一層共生關係。從一方面來看，歷代王朝的合法性有賴儒者的闡釋和支援；從另一方面看，儒學傳統的持續生存及發揚光大也有賴帝王的扶翼。」（〈儒學傳統中道德政治觀念的形成與發展〉，《台大中山學術論叢》第三期，1982年），此乃合作關係；余英時在〈反智論與中國政治傳統〉一文中指出儒者認爲「道」比「政」高一層次，表現在政治上就是一種批評的態度（收入《歷史與思想》一書，台北：聯經出版社，1990年）。結合兩者，就是我們所謂「對立又合作的關係」。

〔註3〕 我們除了可以從史料中觀察這個現象外，明代的薛瑄也評論曰：「世祖雖不能盡行魯齋之道，然待之之心極誠，接之之禮極厚，自三代以下，道學君子未有際遇之若此也。」（《魯齋遺書》卷十四，〈薛文清公讀書錄〉）

成元初政治上的一股勁健的風氣，而不致與後者常遭遇的悲慘下場相同，其中重要的因素就是帝王的支持。教育的工作也是如此，帝王如能以寬闊的心胸，接受來自儒學的教化，儒者經世濟民的理想就更能落實，且收事半功倍之效。

元世祖不僅自己接受儒臣的教化，也讓自己的太子眞金，以及蒙古大臣子弟接受儒學教育。譬如《元史》曾經提到，世祖令侍臣之子不忽木向許衡學習儒學的用意爲：

> 世祖嘗暮召我先人（不忽木）坐寢榻下陳說《四書》及古史治亂，至丙夜不寐。世祖喜曰：朕所以令卿從許仲平（衡）學，正欲卿以嘉言入告朕耳，卿益加懋敬，以副朕意。（《元史》卷一四三，〈巙巙傳〉）

不忽木也能善體世祖用心，他說：「臣等向被聖恩，俾習儒學。欽惟聖恩，豈不以諸色人仕宦者常多，蒙古人仕宦者尚少，而欲臣等曉識世務，以任陛下之使令乎？」（《元史》卷一三〇，〈不忽木傳〉），世祖希望蒙古子弟學習儒學，意在培植日後國家統治者的能力，藉以穩固蒙古的統治地位。世祖這種想法不僅與其一貫的「實利」觀點相合，也配合當時「以漢法治漢地」的基本國策，元初的教育，就在這樣的訴求上開枝散葉，有一番新的氣象。王惲提到當時的教育成果：

> 竊見至元七年，朝廷立國子學，命許衡爲祭酒，遣朝右貴朝子弟令教授之。不滿五歲，諸生均能通情達理，彬彬然爲文學士。及其入仕，皆明敏通疏，果於從政，如子諒侍儀之正大，子金中丞之剛直，康提刑之仕優進學，弟親臣之明經行修，堅童、君永之議事機，子享待制之善書，學企、中客、省之、眞幹楊歷省臺，蔚爲國用，豈小補哉？（《邱澗先生文集》卷九十九）

上段引文中，王惲是從實用的角度，觀察許衡興學的功蹟，而許衡培養未來政治人才的想法，顯然是與元朝統治者的觀念想契合，也正是基於這樣的政治動機，許衡的教育工作才能產生的具體成果。

從另一方面來說，儒臣事元，並不因對象是異族而稍減其宣傳儒教的熱忱，反而因爲元世祖忽必烈漢化傾向較深，儒臣們更寄予厚望，再加上當時兵禍連年，百廢待舉，許多儒臣們深受顚沛流離之苦，所以渴望平和清明盛世之情殷切。因此，雖君臣各有所圖，希望用儒學治國的想法卻是一致的，有關教育事業的規畫和經營，當然也就朝向同一個方向努力了，而許衡的教

育事業之所以成功，導致元代的書院教育甚至盛於前代〔註4〕，就是在這個歷史環境的條件下逐步茁壯起來的。

　　許衡不僅教育元帝、皇儲，以及蒙古王公子弟，也同時訓練出一批優秀的儒者。這批儒者，除了擔任元廷的名臣巨卿之外，也對儒學的傳播，特別是許衡的學術思想，發揮很大的作用，而且許衡應該是有意識的進行這種學術傳遞工作。史載：

> 奏召舊弟子散居四方者……驛致館下爲伴讀，欲其夾輔匡弼，薰陶浸而自得之也。或謂先生何不博選時俊，而獨用門生？曰：我但教人而已，非用人也，方以我之拙學教人，他人從否，未可知也。（《魯齋遺書》卷十三，〈國學事蹟〉）

上段文字可視爲許衡的一種教學方法，換個角度看，弟子們的伴讀工作雖未任官，但許衡致仕之後，元廷爲守許衡教育法度，這批弟子就是當然的繼位者，這對許衡思想的延續，當有實質的效果。再者，許衡所謂的「拙學」，已由他與弟子的教導下壟斷，受教者先入爲主，影響深遠，職是之故，許衡的弟子遍布朝廷，而且掌握朝廷學術的主流思想，皇慶二年許衡得以配祀孔廟，並給予極高殊榮〔註5〕，除了其傳播儒學居功厥偉外，應該有賴於權傾朝野的弟子們大力的奔走吧！

　　當元世祖以皇弟身份受封秦王，領管漢地時，許衡就被任以「京兆提學」的官職，主持秦地的教育工作，文獻記載他的教化工作很成功，在秦中地區完成了「化民成俗」的功績。辭官期間，在家鄉仍不忘教授僮僕，史料還記錄許衡家人因受教化而表現出高尚的情操，一時傳爲美談〔註6〕。總結上文可

〔註4〕 元代書院在數量和規模上，超越前代甚多，並有以下各項特色：數量多、素質高、官學化、多自由、理學傳播等。相關資料請參閱畢誠、程方平，《中國教育史》（台北：文津出版社，1996年）；王炳照，《中國古代書院》（北京：商務印書館，1998年）。

〔註5〕 《元史》的記載是：「大德二年，贈榮祿大夫司徒，諡文正，至大二年，加正學垂憲佐運功臣太傅開府儀同三司，封魏國公，皇慶二年，詔從祀孔子廟廷，延祐初，又詔立書院京兆以祀衡，給田奉祀事，名魯齋書院。」（《元史》卷一五八，〈許衡傳〉）

〔註6〕 史載他曾「思所以化秦人，乃召衡爲京兆提學。秦人新脫於兵，欲學無師，聞衡來，人人莫不喜幸來學，郡縣皆建學校，民大化之。」辭官之後，又「簡絕人事，常居山下課僮僕、事耕墾。」（《魯齋遺書》卷十三，〈考歲略〉）。衡居姚樞之雪齋，「庭有果熟爛墮地，童子過之，亦不睨視而去，其家人化之如此。」（《元史》卷一五八，〈許衡傳〉），可見許衡教法，化人之深。

知，許衡的教育對象是複雜的，而因不同的教育對象，許衡總是能給予不同的教導，尤其是對元帝和蒙古子弟的教育。教育的重點，就是一套經世致用的思想和實踐，其他的弟子，也在這種教育方式的薰陶之下，或是成為元廷統治階層的菁英，或是繼承並傳播許衡學術，而成為元代主流思想〔註7〕。換句話說，許衡的經世致用之學，順應時勢的需要，為不同的教育對象提供實用的思想，而這些學習者也將許衡所教導的學問，實際應用在政務上，或者是以學術思想的型態，藉著相同教育方式的維持傳諸後世。

三、內聖而外王

孔子時期的教育理想，是許衡所奉行的，兩宋理學家的教育理想他也充分繼承，落實在具體的論述中，就是「明人倫」的強調。但是，我們又必須深入瞭解當倫理道德的意義放在「內聖」與「外王」的內容中思考，看似一脈相承的教育思想，卻難免產生內涵上差異。

儒家重倫理的思想，原本是灌注在「內聖」與「外王」兩個範疇之中討論的，先秦儒家認為兩者都很重要，偏一不可，實踐的方式卻有循環的順序，先「內聖」而「外王」，此後「內聖」與「外王」兩者互為功夫。也就是說，儒者應該注重自我修養的功夫，然後才能建立事功，但建立事功的過程中，仍須時時自我修養、砥礪，不可怠惰！這樣的觀念在兩宋時期似乎有所改變，尤其是北宋中期之後的二程學說，一直發展到南宋的朱子學，「內聖」與「外王」的觀念開始有了很大的變化。當時的「內聖外王」的想有三：先「內聖」後「外王」；能「內聖」必能「外王」；一旦做而「內聖」，就可以達到聖人的境界〔註8〕。這三組想法中，第一點還能遵循先秦儒學矩矱，看似兩

〔註7〕　虞集曾言：「文正故表章朱子小學一書以先之，勤之以洒掃應對以折其外，嚴之出入游息而養其中，擬忠孝之大綱以立其本，發禮法之微權以通其用，於是數十年彬彬然號稱名卿士大夫者皆其門人矣。」（《魯齋全書》卷二，〈蜀郡虞公文集〉）。《元史》則稱：「世祖至元七年，命侍臣子弟十有一人入學，以長者四人從許衡，童子七人從王恂。」（《元史》卷八十一，〈選舉志〉），可見許衡弟子之眾，就執弟子禮或親炙其教化者為例，如安童、不忽木、堅童、野仙鐵木兒、不憐吉等人皆是，他們多在中央或地方主政，握有政治實權，故而對許衡思想的推動，有所助益。（前列個人事蹟詳見《元史》本傳）

〔註8〕　此處乃借李澤厚的說法，他認為「自宋儒以後，『內』不但日益支配、主宰和發生根源，而且甚至成為唯一的理論內容了。第一，它強調『內』是本，『外』是末，必須先『內』後『外』必須先『正心誠意』然後才可能談『治平』。第二，有『內』自有『外』，只要能做到『正心誠意』，自然就會『國治民安』。

方面都很重視，並且指出兩者的先後順序；第二點就開始忽略了「外王」的討論，把重心集中在「內聖」一造；第三點幾乎將「外王」的部分完全不談，只在「內聖」的範圍中下功夫即可，因爲如此就能進入儒者所傾慕的聖人境界。宋儒重「內聖」的立場，是由於歷史環境的因素與理學在於深化儒家倫理學內涵的特質所致，相反的，許衡則在不同的時代環境下接受先「內聖」後「外王」的觀念，卻更強調「外王」的部分了。

我們再回到儒家教育所依循的倫理價值體系上。在儒家所強調的倫理規範之中，國家、社會、家庭、個人，各安其位，便構成一個和諧的秩序，而儒家學說就是在思考如何讓這個和諧的倫理秩序長久的維持下去。這套倫理規範不僅指引人群中個體血緣關係上彼此的相依情形，也揭示國家社會組成、運作的基本原理，所以其兼具個人修養與政治理想兩種意義。許衡在不廢前者之下，指出後者的重要價值。他說：

> 三代聖王，設爲庠序學校，以教天下者，無他，明此而已。蓋人而不能明人之倫理，則尊卑上下，輕重厚薄，淆亂而不可統理，其甚者，至於父不父、子不子、君不君、臣不臣，夫婦長幼朋友，故不居其夫婦長幼朋友之分。豈止緒亂而不可統理，將其禍亂相尋，淪于禽獸而後已。此所以古之教者必以明倫爲教，而學者必以明倫爲學（《魯齋遺書》卷三，〈小學大義〉）

由此可知，許衡倫理觀念是建立尊卑上下秩序的和諧上，並認爲這是止亂避禍的不二法門，這種思考，不就是站在「外王」的立場討論教育的理想嗎？

我們認爲，經由上述的討論之後，事實的情況應該更複雜些。許衡也強調自己服膺朱子之說，當然是一個繼承者的姿態出現，但到底是怎麼繼承，就是一個大問題了。從現實的狀況上說，元帝不認同程朱之說，某種轉化和引介是必須的，所謂的「簡易」，就在詮釋者主觀的立場下，造成和原典詮釋過程中的差異，相信這是當時儒者在主客觀的環境下，所採取的必然結果。所以，「簡易」並不是單純的簡化而已，反而是當時儒者自覺地調適轉化的過程，這是接受程朱龐大思想體系，並因應當時客觀環境的一種策略。另從當時儒者主觀的經世態度下觀察，許衡在「外王」的積極需求中，呼應程朱之

『外』或『治平』是『內』或『修身』、『正心』之類的直線延長或演繹。以至最後發展到第三，一講『外』就錯，只要『內聖』就可以作『聖人』。」（《中國古代思想史論》，台北：風雲時代出版公司，1990 年）

學所做的詮釋中，就是以「簡易」與「實踐」兩個思考取向，將程朱學術的內涵做某種程度的取捨和改造，這些都是可以從他經世致用的基求訴求，找到最初的原動力。

　　如果上面的論述成立，若以許衡得到「國子祭酒」的任命時興奮的態度，還有教育學生時嚴謹的作法而論〔註9〕，我們很難想像許衡對他的教育工作沒有某種理想與期待，這種理想與期待，就是環繞在某種經世的思想下成立的。許衡身為一個儒者，在當時的時空環境下，他選擇了積極經世的路子，所以他的學說，包含教育的思想在內，都是以經世思想為中心而展開的。在瞭解許衡強調以「外王」的角度探討教育理想的特性之後，我們還得再問：實際的討論中，許衡是如何將「外王」的思考，深入教育理想的建構之中？我們認為，許衡在討論教育的理念和實際的教育活動中，常會關心到的兩個論點，分別是：實用的教育觀和人才的培養。首先，是實用的教育觀。他曾說：

> 蒙古生質樸未散，視聽專一，苟置之好伍曹中，涵養之數年，將來
> 必能為國家用。（《魯齋遺書》卷十三，〈國學事蹟〉）

他培養學生的目的，是在為國家所用，而非終日舞文弄墨的腐儒可比，這是與他實踐的學術性格相呼應的，也是和朱熹所謂：「所以幸教天下之士，使之知所以修身、齊家、治國、平天下之道，而待朝廷之用也。」（《玉山講義》）。因此，許衡以這個觀念批評三代之後教育的缺失。

> 先王設學校，養育人才，以濟天下之用。及其弊也，科目之法嚴密，
> 而士之進此者愈巧，以至編摩字樣，期於必中。上之人不以人材待
> 天下之士，下之人應此者，亦豈仁人君子之用心也哉！雖得之，何
> 益於用？上下相待，其弊如此，欲使生靈蒙福，其可得乎？先王設
> 學校，後世亦設學校，但不知先王何為而設也。上所以教人，人所
> 以為學，皆本天理民彝，無他教也，無異學也。（《魯齋遺書》卷一，
> 〈語錄上〉）

〔註9〕《元史》本傳載「以為集賢太學士兼國子祭酒，親為擇蒙古弟子俾教之，衡聞命喜曰：此吾事也。國人子大樸未散，視聽專一，若置之善類中涵養數年，將必為國用。」（《元史》卷一五八，〈許衡傳〉）；《通鑑》曰：「衡之教人也，恩同父子，義若君臣，因其所明，開其所蔽，而納諸善，時其動息而弛張之，慎其萌蘗而防範之……。」（《魯齋遺書》卷十三，〈通鑑〉），可見他對教育工作的傾心與執著。

「天理民彝」就是倫理的價值體系，也是許衡教育理想的基本內涵，「養育人材，以濟天下之用」兩句，即是以「外王」的實用觀念統攝教育的最終理想。

其次，從人才養成的角度上來說，上述兩個言例也可以說明許衡認為教育的功能在於培養人材，以備國用。儒家的教育事業，在某種意義上，也是經世思想的延續，譬如宋初胡瑗講學時設「經義」、「治事」二齋，就是在培養「明體達用」的儒者，《宋元學案》指出「其教人之法，科條纖悉具備。立『經義』、『治事』二齋：經義則選擇其心性疏通、有器局、可任大事者，使之講明《六經》；治事則一人各治一事，又兼攝一事，如治民以安其生。講武以御其寇，堰水以利田，算歷以明數是也」（《宋元學案》卷一，〈安定學案〉）。朱子教人也說：「若論為學，治己治人，有許多事至如天文地理、禮樂制度、軍旅刑法，皆是著實有用之事業，無非自己本分內事。聖人六藝之教，所以游其心者正在于此。」（《朱文公文集》，〈答謝成之〉），胡瑗與朱子的教法都是強調教育在於培養能為國家服務的人才，而且遍及各種領域的實務工作，最好都能有專門的人才主其事，才能有利於國計民生。

許衡生當元初鼎革之際，這樣的想法更為殷切，從他接受理學之前的學習背景來看，原本就是一個多才多藝的儒者，而他本身也為肇建的新帝國提供各項的服務〔註10〕，故而其教育的內容也能廣泛的涉及不同的領域。然而，除了有利於經世濟民的實學之外，能掌握倫理規範，治國平天下的人才更是重要，這也是元初政局中最迫切需要的人才。許衡說：「生民休戚係於用人之當否。用得其人，則民賴其利，用失其人，則民被其害。」（《魯齋遺書》卷一，〈語錄上〉）。其向元世祖進《時務五事》也曾說「大抵人君以知人為貴，用人為急。」許衡認為天下大務在於「用人」和「立法」，因為「治人者法也，守法者人也，人法相維，上安下順。」（《魯齋遺書》卷七，〈時務五事〉），所以許衡認為透過教育培養出來的人才，進可福國利民，「興作事功」（《魯齋遺書》卷一，〈語錄上〉），退也不失為一個循規蹈矩，知禮守義的好國民。許衡認為《大學》、《小學》的教育內容，正提供了一個好國民所須的涵養，乃是因為：

> 《小學》教人自下事上之道……《大學》教人自上臨下之道。……
> 上知所以臨下，則下順；下知所以事上，則上安。上安下順，此古

─────────────────

〔註10〕 許衡的生平經歷請參閱第二章，史載許衡曾經參與定官制、立朝儀、修曆法、興辦學校、建議收羅舊版印書等等，相關事蹟俱見《元史》本傳。

昔治平之興，必本於《大學》《小學》之教也。（《魯齋遺書》卷三，
〈小大學或問〉）

身處特殊的時代，許衡正著意於社會倫理中上下關係的衡定，而衡定此關係
的用意，乃是為打造一「內聖外王」的理想所做的努力，許衡窮盡一生的精
力於斯，他在教育上的執著也不外乎此。

綜上可知，許衡教育理想就在於打造一個以「內聖外王」倫理道德價值
體系至上的國家社會，維繫這種思考的核心就是從「明人倫」到「經世致用」
的思維方式。正因如此，教育的理想一方面得取資於「內聖」的道德修養工
夫，一方面得在「外王」事業中發揮功用，而兩者相互循環聯繫的情形，較
諸政治的思想與實踐，更加顯著。「外王」的事業植基於「內聖」工夫，「內
聖」的工夫也能進一步的在「外王」的意識下發揮作用，藉此，許衡的教育
理想也因而更恢弘、更見氣度了。

第二節　教育的內容

經由前一節的討論，我們已將許衡的教育目標，歸結於「明人倫」、「培
養人才」、「內聖外王」三個範疇之上，但如何落實這三個教育目標呢？我們
認為，儒家的一套教育內容，當是完成此目標的重要憑藉。現在一般人常將
教學的材料視為教育內容的具體展現，如此一來，彷彿教育的內容如果脫離
教材，將無法進行所謂的教學活動，隨之教育的目標也無法達成。但是，儒
家的教育內容恐怕不僅限於教材的單向灌輸而已，學習的重點也不僅限於概
念的傳授為滿足。當然，這種說法並非意味著儒家不重教材的選擇，只是過
分注重學習材料的呈現，似乎偏重知識的學習為多，反而無法彰顯儒家教育
觀中重倫理道德的主要特色，也與我們在第四章「格致論」中所獲得的結論
牴觸。

我們認為，儒家的教育絕非只停留於某種知識的傳授，更重要的，他們
相信對倫理道德的體悟與實踐，其地位當凌駕於知識的獲得之上，那麼，他
們是如何在教育的內容上貫徹這個主張呢？此外，先秦儒家常以經史的詮
釋，作為引導學生的主要謀介，但他們並不只停留在經史的內容記憶上，而
是以倫理道德的觀念為核心，貫串於經史的微言大義之上，所謂「學苟知本，
六經皆我註腳。」這裡的「本」，就是指一套倫理道德的價值體系而言。如果
沒有這樣的認識，經史的學習將只淪為某種過往事實的認識，無法開出一條

道貫古今的學統，更別說因應變局、日有新創了。換句話說，如果我們試圖探討儒家教育的內容，應該將其喚醒「道德理性」的用心加以闡發，再討論他在經史的詮譯方式，乃至各種知識技藝的訓練培養內涵，方能符合儒家「志於道、據於德、依於仁、游於藝。」的為學路徑。

本文曾於上節強調「明人倫」、「培養人才」、「內聖外王」等三個範疇，就是許衡教育的目標，而本節所論述的教育內容，也是順著這些教育的目標而發的。我們認為，許衡的教育內容首在闡釋儒家的倫理道德價值觀，接著透過經史的詮釋，強化這套價值觀的合理性，以及在人群社會的適用性，最後，才因應「培養人才」，以及「內聖外王」理想的需要，規擬出一套訓練學生治國平天下才能的務實計劃。換句話說，許衡教育內容的安排方式，全然呼應其倫理道德價值觀的基本主張，在整個價值體系中，使倫理道德的理念不致落於空談，而是從教化的過程中，展現其實質的意義。這就是說，他們不在於強調訓練出一批具有專門知識的學者，而是試圖教導出既能合乎社會倫理規範，進而有益於天下國家的行政人才，這顯然與儒家「內聖外王」的理想契合，也是許衡在異族統治的時代裏，念茲在茲，一直努力的目標。當然，這並不意味著許衡只是執守於先秦儒家的矩矱，正如我們一再強調的，在一個異族統治的時代裏，他所闡發的更具有十足的調適空間，而他在教育上的表現，之所以影響深遠，且為後世所稱頌，也應該從這個層面上去深究。

一、道德理性的喚醒

先秦儒家承周初所開展之人文精神遺緒，致力於人們道德理理性的喚醒，故其學術思想、政治主張、教育內涵，乃至經濟、軍事、文化的討論，也是籠罩在這樣的思維模式之下。我們認為，許衡的倫理道德價值體系所繼承於先秦儒學的精神者，也盡粹於斯，然而，經由《中庸》、《易傳》的啟發，接續著兩宋理學的新詮釋路線，許衡便以「由外而內」的思維模式，建構個人的倫理道德體系。因此，本文第三、四章，即闡述其從「自然觀」到「心性論」，以及從「格致倫」到「知行觀」的思維路徑。本文在這兩章的結論中，曾一再的強調，儘管許衡是從「自然觀」的認識出發，建立其「心性論」、「格致論」與「知行觀」的內涵，然其真正的關懷處，絕非停留在荒漠無朕的天意上，而是落實在社會倫理道德的秩序之中，「天人合一」的重要意義，即在

於法天而行的體悟之後，切實的在人倫日用之間施行。許衡曾說「道是日常事物當行之理，皆性之德，而具於心。」（《魯齋遺書》卷五，〈中庸直解〉），「道」不是什麼高遠的天理，而是從日常生活的實踐中掌握即可，既然如此，人能自覺發揮心的作用，確實在日常生活中實踐道德修養的工夫，便可上與天合而爲一，達到「天人合一」的境界。因此，我們可以認定許衡所關懷者，乃是時刻專注於人類社會的群體之中，並產生一套相應的法則，就是倫理道德的價值體系。

　　如果上述的推論無誤，我們就可以接著探討，許衡是如何將這套倫理道德的價值觀融入教育的內容之中呢？無疑地，他是追隨先秦儒家的腳步，致力於「道德理性」的喚醒。但我們似乎可以接著追問，什麼是「道德理性」？他又是如何喚醒人們的「道德理性」呢？本文的第三、四章曾經分別提到「心的作用」和「心的地位」兩者，許衡認爲「心」與「性」、「理」爲一，所以他說：「心也、性也、天也，一理也，如何？先生曰：便是一以貫之。」（《魯齋遺書》卷一，〈語錄上〉），但依許衡之意，「心」並不是「理」，卻有覺知「理」的能力，而且因而得以自我砥礪，超凡入聖，若問「心」何以至此？人天賦所具備的「道德理性」，或許就是唯一的答案了。既然「心」的地位如此重要，許衡便一直強調「心」的作用義，他說：「心之所存者理一，身之所行者分殊。」（《魯齋遺書》卷二，〈語錄下〉），他要求人們保留「心」所存之天賦道德理性，切實貫徹於日常言行之中，不可被氣質所拘，對外在客觀限制屈服，應該「天地間當大著心，不可拘於氣質、局於一己，貧賤憂戚不可過爲隕穫，貴爲公相不可驕。」（《魯齋遺書》卷二，〈語錄下〉）。

　　許衡藉著「心」的意義闡釋「道德理性」的重要性，也強調發揮「心」所具有的天賦「道德理性」於日常事物之中。然而，他又是如何將之融入於教育的內涵之中呢？事實上，本文第五章中有關「道德修養工夫」與「處世哲學」的部分，就是許衡倫理道德教育的主要內涵。在「道德修養工夫」來說，許衡提到的諸如「正心、持敬」、「愼獨、中庸」、「真知力行」等修養工夫，都是他喚醒「道德理性」的教化方式。譬如就「持敬」的工夫而言，他說：

> 爲學之初，先要持敬。敬則身心收斂，氣不粗暴。清者愈清，而濁者不得長；美者愈美，而惡者不得行。靜而敬，常念天地鬼神臨之，不敢少忽；動而敬，自視、聽、色、貌，言事疑忿，得一日省察，

不要逐物去了。雖在千萬人中，常知有己，此持敬之大略也。……

這一件先能著力，然後可以論學。(《魯齋遺書》卷三，〈明明德〉)

依許衡之意，他十分重視這個能使「身心收斂，氣不粗暴」的「敬」德，因爲他一方面使得學習的目標明確，另一方面，「持敬」本身，就是足以喚醒天賦「道德理性」的修養工夫。所以他同時宣示「這一件先能著力，然後可以論學」，也強調「在《小學》便索要敬，在《大學》也索要敬。爲臣爲子，爲君爲父皆索要敬。以至當小事、當大事，都索要敬。」(《魯齋遺書》卷三，〈明明德〉)，就是希望學生透過經典的引導，體會「持敬」，並在生活中落實。

許衡在論及「愼獨」、「中庸」時，也是相同的用意，他曾說：「獨是自家心裏獨知處：好善惡惡，實與不實，他人所不及知，是我自家心裏獨自知道這等去處，君子必要謹愼，以審其幾微。」(《魯齋遺書》卷四，〈大學直解〉)，所謂「好善惡惡，實與不實，他人所不及知，是我自家心裏獨自知道這等去處」，不就是在引導學生自我掘發「道德理性」嗎？除了掌握此「道德理性」的內涵外，更應守而勿失，做到：

> 幽暗之中，細微之事，人以爲可忽者，殊不知其跡雖未形而幾則已動，人雖不知而己獨知之，則是天下之事，更無有著見明顯而過於此者，所以君子之心，既常戒懼而於此幽暗之中、細微之事。(《魯齋遺書》卷五，〈中庸直解〉)

而「中庸」所要求的不偏不易正道，就是從「道德理性」的覺醒做起的。

許衡在「處世哲學」的部分，也採用了相同的觀點，本文在第五章第三節所涉及的「自我修養」、「群己關係」、「經世濟民」等三個範疇，都可以提供明確的例證。從「自我修養」來說，許衡認爲：

> 人所不知而己所獨知者，一方念方動之時也。一念方動，非善即惡，惡是氣稟人欲，即過之不使滋長。善是性中本然之理，即執之不使變遷。如此，則應物無少差謬，此所謂致和也，省察之事也。(《魯齋遺書》卷二，〈語錄下〉)

其中所謂「善是心中本然之理，即執之不使變遷。」就是教導人們應該堅持天賦的道德理性，透過自我的修養，爲善去惡。就「群己關係」而言，許衡認爲人與人之間的互動，基於天賦道德理性的堅持，「心」得以安於天理，一言一行皆有其定向，故喜怒憂懼合於常理，所以許衡曰：「一件事擺到跟前，

心裏知有處置使心定，心既定更休動便是靜，能心靜不亂便是能安，能安呵便是能處置，便理合得，那不合怕的不怕，不合喜的不喜，不合怒的不怒，不合憂的不憂。」（《魯齋遺書》卷三，〈小學大義〉），就是這個道理。許衡透過喚醒天賦的道德理性，為人們在社會倫理秩序中，找而一套處世的相應法則。換句話說，許衡引導了人們如何在多變的人事現象中，不憂不懼，掌握永恆的眞理，這個眞理，是從道德理性的自覺中，認同倫理道德的價值理念，並積極地付諸實現的默契。許衡稱「巧言令色，人欲勝，天理滅矣。人但當脩心自理，不問與他合與不合，果能自脩，天下人皆能合，若只以巧言令色求合，則其所合者可知矣。」（《魯齋遺書》卷一，〈語錄上〉），而所謂的「脩心自理，不問與他合與不合」，即是修養自己，合於天理，發揮天賦的道德理性，在群己的關係中有所堅持，有所原則，如果只是巧言令色以求苟合，則爲許衡所不取。

二、經史的涉獵

先秦儒家早已將經史作爲教學的內容，所以孔子刪定五經、口誦堯舜聖王，就是具體地將經史作爲教育內容的表現。然而，對儒者而言，經史的學習並非僅是古史事蹟的記誦與認識，或是某些觀念的傳達與瞭解而已。儒家以經史作爲教育的主要內容，至少有幾點是我們應該要特別強調的：首先，經史常可作爲宣傳倫理道德觀念的輔助工具。前文已論及儒家教育內容的重心，首在喚醒人們的「道德理性」，所以儒家的「道德修養工夫」與「處世哲學」，無不是從「道德理性」的喚醒開始做起，那麼，經史在教育上的意義爲何？就在於輔助闡釋經由天賦道德理性的自覺，而產生的一種對倫理道德規範積極認同的態度和作爲。儒者藉由經史的介紹、詮釋和引申中，不斷拓展及深化倫理道德的價值觀念，所以經史的內容，就成爲宣導倫理價值觀念的重要輔助工具。上述的現象，我們可以經易地從《論語》的師生對話中，找到例證，而此教育的方式，就成爲儒家師弟之間，代代相傳的慣用模式，從另一個角度上觀察，倫理道德的價值觀念也因這樣的傳承方式，在時代更迭中，得以注入新的面貌與生命力。

再者，經史內容常提供某些人格的典範。經史的人物事件、言語論說，也爲儒家的後學提供了人格的典範。呼應前者的倫理道德價值觀的傳授意義上，儒家也十分重視典範的學習，古聖先賢所示範出的一套治國平天下的法

度，孔子率先表達追慕之情，同時也企盼弟子們見賢思齊，以之做爲立身處事的楷模。孔孟之以古爲師，後儒之奉孔孟之道爲則，在在都是企盼學習者從古聖先賢的流風餘韻中，找出自我立身處世的憑依。此外，經史本身也是知識的來源，儒者認爲其中蘊藏安邦治國之良方。故許衡服膺朱子之學，教育的內容強調由《小學》入手，進而《四書》、《詩》、《書》等傳統文獻的學習。然而，誠如前述，許衡接受程朱理學有一段曲折的過程，當我們將關注點放在許衡接受理學的過程上，或許可以爲許衡選擇教育內容的良苦用心，掘發一些新的意義。

許衡的學習過程頗爲艱辛，他小時曾對教授句讀之學以求仕進的老師不甚滿意，長大後因時局混亂，所學習的儒家經典多是斷簡殘編，但是歷史記載他的學習動機很強，不僅手抄這些資料，而且「晝思夜誦，身體而力踐之」(《元史》卷一五八，〈許衡傳〉)。其後趙復北傳程朱理學，造成北方儒者的學習熱潮，許衡就在這個背景下與姚樞、竇默等學友相講習，徹底地接受程朱理學的思想。《考歲略》有兩段文字生動地描述許衡學習後的心情和做法是：

> 自得伊洛之學，冰釋理順，美如芻豢，嘗謂終日以思，不知手之舞之，足之蹈之。

> 聚學者謂之曰：昔者授受殊孟浪也，今始聞進學之序，若必欲相從，當悉棄前日所學章句之習，從事於《小學》灑掃應對，以爲進德之基，不然，當求他師。眾皆曰：唯。雖悉取向簡秩焚之，使無大小，皆自《小學》入，先生亦旦夕講誦不輟，篤志力行，以身先之，雖隆身盛暑不廢也。(《魯齋遺書》卷十三，〈考歲略〉)

我們可以從這兩段敘述中歸納出幾點現象：第一、許衡在接受理學之前，主要的教育內容仍是章句之學，之後即對這種學問不屑一顧；第二、許衡接受理學時，或許是基於某種心靈上的契合，但仍強調「篤志力行」的功夫；第三、許衡接受程朱理學之後，特別重視進學之序，無論學生年紀大小，一律從《小學》灑掃應對開始做起。以上提及的學習歷程，都足以證明許衡以經史或前賢爲師，不單單是從知識獲得的角度，或是一味的盲從景慕，而是基於某些自覺地調適，從而接受文化的遺產。我們認爲，正是前述的從「宣傳倫理道德觀念」、「人格典範」與「安邦治國的良方」三個基本的立場出發，試圖在教育上所發揮的積極效果。

　　以上歸納的三個小結論，也可以從其他文獻資料得到印證。首先，許衡生於金、元之際，北方的學術主要還是歐、蘇章句之學，此乃由於遼、金兩代科舉也是注重章句之學，南北未通之時，許衡所受的教育，自然難以脫離這個範圍。然而，許衡經由程朱之學的提點，就徹底的放棄這種學術方向，甚至在其語錄中多次抨擊這種學問所造成的惡劣影響〔註11〕。其次，他曾對次子師可說：「《小學》、《四書》，吾敬信如神明，然能明此，他書雖不治可也。」（《魯齋遺書》卷十三，〈國學事蹟〉），可見他對程朱理學，尤其是朱子之學是多麼的崇拜！但是，這種崇拜的心理，並不只是一種言論而已，許衡除了一秉重實踐的求學精神外，他也要求學生將所學用於實務工作上。再者，許衡接觸程朱之學後，便堅持先由《小學》開始學習，雖然他在《尚書》與《周易》有很深的見解，但學者求教時，仍然要求從《小學》開始做起。他對兒子師可的教育更是如此，就算師可年過十五，理論上到了「大學」的階段，許衡還是感覺師可在《小學》上下得功夫不夠〔註12〕。

　　上述現象的討論有助於理解許衡選擇教育內容的苦心。《考歲略》中記載許衡「出入經傳、泛濫釋老，下至醫藥、卜筮、諸子百家、兵刑、貨殖、水利、算數之類，靡不研精。」（《魯齋遺書》卷十三，〈考歲略〉），卻又以「章句之學」教人，這種矛盾的敘述，若非史家記載錯誤，不然就是許衡一直在矛盾中摸索學習。為什麼是矛盾呢？因為許衡廣泛學習各類知識，並重視踐履的功夫，當有用世之心，章句之學卻是無益於實用，可以說全然不合許衡胃口，故而吸收程朱之說後，幡然而改，所以才有「不知手之舞之，足之蹈之。」（《魯齋遺書》卷十三，〈考歲略〉）的契合。換句話說，程朱之學讓許衡的學習找到重心，因而印證以前懵懂未明的學思，我們認為，與其說程朱學術系統徹底改變了許衡的思想，不如說許衡藉程朱之學提供其經世思想的學說基礎，這又可與前述「教育理想」中的實用立場遙相呼應，也惟有如此，許衡才能在接觸程朱學說時有如此的感動和景仰，對章句之學產生那麼深刻

〔註11〕　許衡認為：「今將一世精力，專意於文，……今者能文之士，道堯舜周孔曾孟之言，如出諸其口，由之以責其實，則霄壤矣。……德性中發出，不期文而自文，所謂出言有章者也。在事物之間，其節文詳備，後人極力為之，有所不及，何者？無聖人之心，為聖人之事，不能也。」（《魯齋遺書》卷一，〈語錄上〉），他對為文而不求其實的批評，可以說是繼承程朱的。

〔註12〕　許衡在〈與子師可〉一信中提到「小學四書，吾敬信如神明，自汝孩提便令講習，望於此有得，他書雖不治無憾也。今殆十五年矣！尚未成誦，問其指意，亦不曉知，此吾所以深憂也。」（《魯齋遺書》卷九，〈與子師可〉）

的批判。我們認為，正因為程朱之學若只被視為一個新的學脈，許衡應該不致有發生那種心悅誠服，又痛改前非似的悔悟表現，心情大起大落之際，真正在幕後掌控的，當是那股經世濟民的熱忱。

回到實際的教材上，仍然可以明顯的觀察出許衡的安排。許衡強調先進行《小學》的學習，然後進階到《大學》，原因就在於：《小學》教人「自下事上之道」；《大學》教人「自上臨下之道」，兩者能真知並力行之，倫常的關係就因而穩固，就是許衡所謂「明人倫」的功效，也是「此古者治平之興必本於《小學》《大學》之教也。」的重要義涵，許衡的經世思想以此為始，也以此為終，故而特別揭示兩書學習的意義。至於《論語》、《孟子》、《中庸》等書亦同，他說：

> 《論語》說操存涵養處多；《孟子》說體驗充擴處多。……今日用人者，只是五六等人得進用，汝在此五六等數中乎？在則得進，不在則不濟也，其人遂止。所謂得進者，預私行賄，權勢相臨，母黨妻黨，昵近效力，吾無勢以臨之。雖固託之亦不濟也。今日豈有道德相親者乎？豈有以才德為用者乎？（《魯齋遺書》卷二，〈語錄下〉）

許衡經世思想本是依循儒家修己治人的途徑，所以他對《論語》、《孟子》的關注，就是集中在人倫日用之間的道德修養處。

宋儒本有「經史互參」之說，元初儒者多認同這種說法〔註13〕，先秦以來，儒者常藉著對經史的詮譯，提出個人的新解，許衡也不例外，我們常可從他的語錄中發現相關的文字。譬如「《易》四爻近君，六四便順，知為臣之不可專也。九五、六四便順，六五、九四多凶，理如此也。」、「臨之象曰：君子以教思無窮，容保民無疆。君子之於小人，當知所以教導之、容保之，如父兄之於子弟，子雖不善，父兄詎忍棄絕之，必也教導容保之而已。只為君子不能容小人，小人便陷害君子，教思無窮之義大矣！教之亦多術矣！然必先容保之，乃能教之，不然以法治小人，未有能勝者也。」（《魯齋遺書》卷二，〈語錄下〉），上述兩段《周易》的詮釋中，我們可以看出，許衡的關懷重心還是在社會倫理秩序的建立，這種詮釋的傾向，是和他的另一本《周易》

〔註13〕 朱熹、呂祖謙等人皆有類似看法，元儒除許衡外，另有郝經、劉因、吳澄等人，也是這種觀點。對他們而言，經典是古代聖王留下來的致治之具，學者應該透過史籍的了解與佐證，也就是諸如「經史不分」、「經史合一」的立場，在透過經史的研討時，找出一套「內聖外王」的基本路線來，這才是這類儒者對經史詮釋的基本態度。

著作──《讀易私言》的精神是互通的〔註14〕。

許衡在閱讀史書時，也提出這樣的建議：

> 看史書當先看其人之大節，然後看其細行，善則效之，惡則以爲戒焉，所以爲吾躬行之益，徒記其事，而誦其書，非所謂學也。（《魯齋遺書》卷一，〈語錄上〉）

許衡認爲閱讀史書，當從人物的行事表現中，擷取有資於自身言行的表率，但仍然要有某種選擇的標準，那就是儒家聖人的經典。他說：

> 閱子史必須有所折衷，六經、語孟乃子史折衷也。譬如法家之有律令格式，賞功罰罪於律令格式者爲當，不合於律令格式者爲不當，諸子百家之言，合於六經語孟者爲是，不合於六經語孟者爲非，以此夷考古之人而去取之，鮮有失矣！（《魯齋遺書》卷一，〈語錄上〉）

許衡對經史的看法，大多是秉持這樣的思維方式，試舉一例說明說下：

> 任用人才，興作事功，自己已有一定之見，然不可獨用己意，則排沮者必多，吾事敗矣。稽於眾，取諸人以爲善然後可。堯之禪舜也，以聖人見聖人。不待三載之久而後知也，當一見便知之，然而不敢以己之見，便以天位付之，必也賓於四門，納于大麓，歷試諸難，使天下之人共知之，四岳十二牧共推之，若不出於堯之意也，然後居天位、理天職，人無間言，後世稱聖。（《魯齋遺書》卷一，〈語錄上〉）

這段文字中，許衡以「任用人才，興作事功」的觀點理解堯禪舜的歷史，並做古今的對照，以爲當時執政者的參考依據，這與他引導學者從古史中獲得啟示，並以倫理道觀念衡之的做法，是完全一致的。

三、廣泛的學習

前文曾經提到，許衡學習的範圍十分廣泛，事實上，在元初之際，儒臣們也多是如此博學〔註15〕，然此若非史書讚譽之辭，那麼元初儒臣不執守於

〔註14〕　本文第三章曾論及許衡在其詮釋《周易》的著作《讀易私言》中，主要是傳達「當位居中趨時義」的觀念，許衡從《周易》的自然法則中，試圖歸納出某種人世間立身行事的原則，究其用心，乃是借人倫應對的原則，建立和諧的社會倫理秩序。

〔註15〕　譬如史稱耶律楚材「及長，博極群書，旁通天文、地理、律曆、術數及釋老、

章句訓詁，或是摒棄經典吟誦的做法，或許有其歷史的意義。我們曾經強調，儒家以宣傳倫理道德觀念爲尙，政治上的實際作爲，也一以倫理道德爲基礎，先秦以來直到元初，並沒有本質上的改變。那麼以許衡爲首的一群儒臣，爲什麼如此重視廣博知識的學習呢？關於這個問題，可以分成兩個範疇去探討：首先，我們從學術的傳承上說，孔子一生，所示範的儒者形象，絕非是抱殘守缺的腐儒，而是既能善守仁義道德，能博學致用的達儒。因此，他不僅在學術思想上有所創新，一旦身廟堂，也有十分傑出的表現，而且觀其與弟子們討論國家社會的施政內涵，舉凡政治、經濟、文化、賦稅、軍事等，都有十分精湛的見解，若非博學多識，潛心涵泳，實在很難達到如此境界。其後儒者多未善體孔子用心，除積極尋求事功者之外，或是沉緬於章句訓詁，或者是飾以玄佛者多有之，這種學術發展的方向，容或訓激儒學的新詮釋空間，但以儒家「內聖外王」的理想衡之，應該已是有所偏頗的。時至兩宋，理學家雖醉性理之學，也因政治上的不順意，退而專論「內聖工夫」，但理學大家們時刻不忘「實學」的重要性，故於深論心性之餘，也不忘注意「實學」的宣傳，譬如朱熹本人除在理論上宣導外，在充任地方官吏時，也頗有政績〔註16〕。

　　許衡自謂「學孔子」，又以程朱之學爲宗，所以他對先賢事蹟的瞭解應該不致陌生才是，也正是因爲發願踵武前賢，所以進退仕隱，一以道爲主，故後人稱其「善學孔子」；上書進策，則以陳善閉邪爲初衷，自謂乃效法孟子。正因其有所執守，故其獻身元廷，方可兢兢業業、無私無悔，所以他的博學，正起於積極經世的熱忱，無私奉獻的意願，觀其在官制、曆法，教育制度、中書規模等方面的積極表現，就可以瞭解他博學的用心。許衡既然因經世熱

醫卜之說，下筆爲文，若宿搆者。」（《元史》卷一四六，〈耶律楚材傳〉）。儒臣劉秉忠則是「自幼好學，至老不衰，通曉音律，精算數，善推步，仰觀占候，六壬遁甲，《易經》象數，邵氏皇極之書，靡不周知。」（《元朝名臣事略》卷七，〈太保劉文正公〉）。許衡更是「出入經傳，泛濫釋、老，下至醫藥、卜筮、諸子百家、兵刑、貨殖、水利、算數之類，靡不研究。」（《元朝名臣事略》卷八，〈左丞許文正公〉）

〔註16〕依《宋史》本傳記載，朱熹曾參與立「社倉」、以工代賑、「募米商，躅其征」、「凡丁錢、和頭、役法、榷酤之政，有不便於民者，悉釐而革之。」正經界、奏調飛虎軍等政治實務。在學術的工作上，他強調「放之則彌六合，卷之則退藏于密，其味無窮，皆實學也。」（《中庸章句題解》），所謂的「實學」，正是「天地萬物本然之理，人倫日用當然之事。」（《朱文公文集》卷四十六，〈答汪太初〉）

忱而在學術傳承上積極的作爲，就可以瞭解他博學的用心。許衡既然因經世熱忱而在學術傳承上有積極的作爲，當然，他在教學上也希望學生能夠廣泛學習，並且站在實用的立場。希望爲國家培養一批有用的人才，這個部分我們前面已有討論，此處不再贅述。

另一方面，則是從歷史的大環境來說。元代金、宋立國，這是一個中國歷史上改朝換代的慣性現象，但在這個現象的背後，異族統治中原的事，卻產生了複雜的文化調和過程。這時的儒者，治國平天下的壯志未減，卻必須與元廷統治者重「實利」的傾向，以及奴視、不信任的心態鬥爭，才能完成他們的時代使命，以這樣的歷史條件，回過頭來考察元初儒臣的博學，或許可以有不同的體會。以世祖朝而言，他在受命爲秦王，總領漢地之時，身邊的一批儒臣在宣揚孔孟教義的同時，也幫忙處理行政上的工作，甚至效命軍前，義無反顧。世祖即位之後，這個模式仍然持續進行，但影響的方式更多、影響層面也更廣。我們認爲，這批儒者固然希望從政治實務工作中，完成其經世濟民的願望，然對元帝而言，若儒臣們期盼獲得更大的影響，藉由政治上優秀表現，換得元帝的信任與支持，這可能其欲達成治國平天下的理想，必須要努力的重點，然此優秀表現的前提，非有廣博的學習背景不可。因此，元代之所以在天文、曆法、軍事、工藝、美術、藏書、科技等各方面，皆有超越前代的新成就，而儒臣們多有參與者，此應與上述的因素有密切的相關性〔註17〕。

許衡廣博的學習歷程，不僅使他在政治上有十分傑出的表現，也獲得元帝的敬重，日後受命爲「國子祭酒」，教育蒙古貴冑子弟時，也稟此熱忱，希望透過教育的過程，傳諸久遠，所以他接受任命才會欣喜的說：「此吾事也。」這樣的安排，也與元帝的想法契合，同樣是期望爲國家培育施的人才而努力。當時的貴族子弟不忽木曾說：「臣等向被聖恩，俾習儒學。欽惟聖恩，豈不以諸色人仕宦者常多，蒙古人仕宦者尚少，而欲臣等曉識世務，以

〔註17〕影響中國的科技發明的因素固然很多，但就思想的成分上來說，儒家「天人合一」的思考、「整體有機」的自然觀，以及「正德利用厚生」的實用觀點，多是在科技發明上引發諸如重關係不重元素、強調事物間相互關聯的「關聯秩序」、實用的科技觀等特色（相關論述請參見劉君燦〈關聯與和諧──影響科技發展的思想因素〉，收入《中國文化新論・科技篇・格物與成器》，台北：聯經出版社，1991年）。儒臣們從傳統的思維模式出發，繼而創造了許多新的發明，究其用心，或許與元朝統治者重實利的立場不無關係，譬如耶律楚材見用於成吉思汗，就是靠其廣博的知識。

任陛下之使令乎？」(《元史》卷一三○，〈不忽木傳〉)，不忽木深知世祖的用心，在於培養蒙古的精英，許衡也期望教育英才，藉此實現其治國平天下的願望，所謂「曉識世務，以任陛下之使令乎？」即是透過廣泛的學習，得以擔任實際政務上的期許，故而兩相契合，落實於教育之中，就成爲廣博教育內容的傳授，其目的也正在爲培養未來國家的中堅人才。

許衡雖繼承程朱之學，在心性之說上多有涉獵，但他主要的用心，還是集中在經世致用的想法之上，所以雖然深論心性，也不廢日用之間的常道，故而形上形下兼具，理論與實務並重。他說：

> 事物必有理，未有無理之物，兩件不可離，無物則理何所寓？讀史傳事實文字皆以往粗跡，但其中亦有理在，聖人觀轉蓬便知造車，或觀擔夫爭道而得運筆意，亦此類也。但不可泥於跡而不知變化，雖淺近事物，亦必有形而上者，但學者能得聖神功用之妙，以觀萬事萬物之理可也，則形而下者，事爲之間，皆粗跡而不可廢。(《魯齋遺書》卷一，〈語錄上〉)

這裡的「學者能得聖神功用之妙，以觀萬事萬物之理可也，則形而下者，事爲之間，皆粗跡而不可廢。」就是希望學者形下形上兼具，仔細地從日常生活中的事理體會「道」的意義，這種說法，顯然與兩宋以來儒者偏重形而上的觀點有異。我們認爲，這種想法使他強調「道」即在生活日用之間，此外，也成爲他廣泛學習的動力，更是教育上的一大特色，如果配合經世致用的基本訴求，我們便可了解許衡教育的苦心。

《國學事蹟》中，詳實地記載他要求學生廣博學習的實況，譬如「諸生讀書之暇，先生令蒙古生年長者習拜，及受宣拜詔儀，釋奠冠禮，時亦習之。小學生有倦意，令習跪拜克讓進退應對之節，或投壺習射，負者罰讀書若干遍。」(《魯齋遺書》卷十三，〈國學事蹟〉)，「跪拜揖讓進退應對之節」是社交的基本禮節，上下尊卑的身分形式認同，「投壺習射」則是將遊戲與體育活動結合，使學生養成團體意識與鍛鍊體魄。許衡也自編教材，諸如《編年歌括》、《稽千古文》等皆是。《編年歌括》是「先生欲以蒙古生習學算術，遂自唐堯戊辰距至元壬申，凡三千六百五年，編其世代歷年爲一書，令諸生誦其年數而加減之。」(《魯齋遺書》卷十三，〈國學事蹟〉)，這本書和《稽千古文》一樣，扼要的記錄了歷代的發展概況，許衡顯然是要借這兩本書充實學生的歷史知識，但《編年歌括》中涉及的算術概念與實作，則是許衡額外要求學

生具備的常識。雖然許衡本身十分博學，上述也可見其教導弟子的內容甚為廣泛，但文獻中他除倫理道德的修養與實踐外，並無具體的經世實學，如果我們以胡瑗的「治事」之學，或以明清之際的「經世之學」衡之，許衡這方面資料的份量更是無法提供論述。我們猜測這種現象可能涉及寫史者的本身立場，或者是許衡著述的重點強調在倫理道德之事，教學的內容若有涉及實務者也未做系統介紹，但從其論述可知，「經世濟民」的動機及企求「內聖外王」的目標，則是無庸置疑的。

第三節　教學的策略

　　依教育的現象而言，教學策略原本應該依照教育的理想與教育內容的特性，而有所調適的。儒家的教學策略，即在因應其學術思想欲塑造一仁人君子而設計的，因此，在我們試圖瞭解儒家教學策略的過程中，如果單就其曾採取過的教學策略一一介紹，可能只是一些零碎的教育材料，若與今日教育學的概念範疇相侔，恐怕不免斷簡殘編之譏，無法發現其實際的價值。再者，古來儒家的教育行為，未見獨立概念論述，卻是從實際的生活中提點，要求學生在日常生活中實踐倫理道德的規範。當然，非僅中國古代如此，現今的西方教育學派中也多見道德教育的內涵，但是我們在突顯儒家的道德教育思想，乃至衍生而出的一套教學的策略時，不能以今律古，而以西方或現今流行學說衡之，卻還是得回到儒家的學術思想之中，才能找到答案。事實上，儒家的教學策略，在《論語》中就可以見到很好的示範，我們熟知的一些教學策略，諸如「因材施教」、「循序漸進」、「經史詮釋」、「譬喻法」、「導引法」等等，是孔子在《論語》中透過「身教」與「言教」兩者所歸結出的教學啟示。這是因為，孔子教化的志業，不是為教育而教育，從他所建立的學術體系，以及在歷史上的表現而言，教育乃是為實現其創造一個「內聖外王」的理想境界所做的努力。

　　許衡之前，兩宋的理學家在教學方法上，也多有見地〔註18〕，或許我們可以說許衡的教學法就是在繼承儒學教育的豐富資產下，而有所發明、創新的。本文重在了解許衡如何從經世濟民的思想中，轉化成某些倫理道德的價

〔註18〕有關兩宋儒者在教學上的表現，請參閱伍振鷟，《中國教育思想史》（兩宋部分）（台北：師大書苑，1995 年），相關的論述。

值觀。藉此處理教育思想的各種範疇，因此，在討論許衡教學策略時，我們就不能只滿足於許衡教學方法的平面展示，換句話，就是許衡的教學方法有什麼，只能讓我們了解現象為何，這個現象背後的成因，以及涉及策略運用的部分，才應該是我們關心的重點。此外，一般對教學方法的討論，常常使用某些當今教育學派中教學理念，用以詮釋古代的教學方法，這種做法，恐怕會產生思想義涵上的誤差，因為「方法」只是為解決某些問題的手段，「策略」則是從待解決問題的出發，尋求更全面的處理原則，所以此時解決原問題反而成為一種「策略」的運用，而非單純的「方法」可擬。我們或許可以這麼說，許衡畢生以經世濟民為職志，其所建構之倫理道德的價值體系，就是為實現此職志所做的努力，而此倫理道德價值體系下，教學的策略就是一種「外王」的積極表現，許衡將儒家的學術思想，從空間性的影響轉化為時間性的延續，在古代政教合一的氣氛之中，更是別具意義的。再者，如果將同時期中國思想家的看法相比附，也會產生因時代差異、個人想法、學說重心、教育的客觀環境等差異，不自覺或難以避免的發生教育理論詮釋落差的情形。所以，本文集中強調許衡在教學策略中的運用與調適，故而不將討論的方向設定在歷史延續性的探討上，也不做比較性的研究，此處討論的焦點只在許衡本人教學策略的思想義涵而已。

　　許衡在形成其教學策略的過程中，至少有幾點關鍵的因素必須顧及，那就是前述的時代差異、個人想法、學說重心、教育的客觀環境等差異的事實。許衡身處元初異族入主的時代環境，又以儒家「內聖外王」的經世觀為基礎，許衡教育的客觀情勢，所採取的教學策略，有兩個問題值得我們去深思的：如何因應時局，突顯儒家教育的特色？如何採用某種有效的教學策略，達成其「內聖外王」（尤其是「外王」）的理想？我們認為，這兩個問題的思考，並不是對立的兩造概念，卻是層層深入、循序漸進的教育思想進路。元初時局混亂，學術失統，許衡的歷史任務就是在「繼往聖、興絕學」，是故他自覺地將駁斥偽學和倡導理學兩個工作合併進行，就是在為學子們釐清學術正統，突顯儒家的教育重心，繼而藉著某種教學方法的引導，指出學生未來所應努力的方向。

一、因材施教、啓發引導

　　先秦孔孟時期的教育者，就已經示範了至今人們仍然津津樂道的諸如：

「有教無類」、「因材施教」、「啓發引導」等教學的主張。事實上，這些人們信守的教育規條，其發起之初，實有其歷史的形成條件，譬如「有教無類」就是在春秋之前王官之學興盛，平民無由接受教育，孔子風氣之先，將知識普及於平民大眾，造成一股新的學習熱潮，孔子的做法，是因應時代環境的現實，卻也間接地造成社會階級迅速動的現象；「因材施教」則是在「有教無類」的前提下，根據學生的材質體性，給予相應的教導，如此一來，學生得以獲得充分的照顧和學習，發揮其潛力。但是，如果我們只將「因材施教」停留在這個思考層面上，或許太低估孔孟教化的積極意義了。由於孔孟教化的目標，乃是藉由教育方法的運用，全面的引導學習者認同並實踐儒家的理想境界，所以「因材施教」的教學策略，除了根據學習者的材質體性給予適當教學外，更重要的，乃是接下來的引導工作。儒家的教學者會從學習者的特質和學習的結果中，判斷學生可以透過擔任何種角色，對國家社會有所貢獻，因而在教學上給予特定的方向。「啓發引導」則是由於儒家的教學策略首重喚醒「道德理性」的自覺。《論語》中我們可以常見孔子反問弟子對某些社會行爲的感，他的用意，顯然不只是試圖灌輸某些既成的規範，而是希望學生從具體情境的反省中，逐漸深化某些源自於「道德理性」的體悟。從另一個角度而言，儒家原本就有積極入世的熱情，「啓發引導」也可以使學生養成獨立思考，以及某種變化調適的能力，因此，如何從時事的了解中，藉以採取某種合宜的策略，卻仍然堅持儒家「內聖外王」的理想，這就是儒家規劃其教學策略時的重要考慮了。

接著回到許衡，上述的教學策略中，他除了繼承儒家的傳統教育思想之外，應該還兼顧著時代的具體需求。就「有教無類」而言，許衡的教育對象十分廣泛，他在未入廟堂之前，原已在地方教育工作上，取得十分顯著的成績。入仕元廷之後，一方面藉著奏議、廷對，引導元朝統治者接受儒家經世濟民的理念；另一方面，又接受教育皇儲，以及創辦國子學的工作，直接地教導蒙古子弟，成爲國家未來的施政人材。致仕之後，不僅持續地維持家庭教育，也在居鄉時教化萬民，發揮其巨大的影響力，而他在教育上建立的制度規模，乃至教學的理念、策略，也在他身後不斷發酵，成爲元朝教育體制上的最高典範。在「因材施教」方面，許衡也十分注意學生的個別差異，而給予適當的教學方法，史料的記載是：

衡善教，其言煦煦，雖與童子語，如恐傷之。故所至，無貴賤賢不

肖皆樂從之，隨其才昏明大小，皆有所得，可以為世用。所去，人
皆哭泣，不忍舍，服念其教如金科玉條，終身不敢忘。或未嘗及門。
傳其餘諸。而折節力行為名世者，往往有之。聽其言，雖武人俗世
異端之徒，無不感悟者。（《元史》卷一五八，〈許衡傳〉）

上述這段括，突出了幾個重點：首先，許衡的教學方式，頗能因應不同的教
學對象，故而「無貴賤賢不肖皆樂從之」；其次，許衡「因材施教」的教育方
式，乃希望學生日後能為國用，所以「隨其才昏明大小，皆有所得，可以為
世用」；再者，許衡教化的志業，流風所及，澤被後世，乃因「聽其言，雖武
人俗世異端之徒，無不感悟者。」

關於許衡的教育策略重在為國所用，教化的功績廣被後世的部分，容後
再述。此處許衡提出了教學策略上之所以採用「因材施教」的原因是：

先生嘗曰：敬敷五教在寬，君子以教思無窮，客保民無疆，別是為
教者當以寬容存心也。今日學中大體雖要嚴密，然就中節目須且寬
緩。大概人品不一，有夙成者，有晚成者，有可成其大者，有可成
其小者，且一事有所長，必一事有所短，千萬不同，遽難以強之也。
《學記》自一年離經辨志，至九年知頻通達，強立而不反，其始終
節幾多積累，必不可以苟且致之，故教人不止各因其材，又當使隨
其學之所至而漸進也。蓋教人語用人正相反，用人當用其所長，教
人當教其所短。（《魯齋遺書》卷十三，〈國學事蹟〉）

許衡認為人的才性不同，成就高低不同，所以教學者應該順應每個人不同的
特質，找出最合宜的方式，不能勉強灌輸，所以他說：「大概人品不一，有夙
成者，有晚成者，有可成其大者，有可成其小者，且一事有所長，必一事有
所短，千萬不同，遽難以強之也。」正因教人乃教其所短，所以要因其材
質，逐步獲得改善，所謂「教人不止各因其材，又當使隨其學之所至而漸進
也。蓋教人與用人正相反，用人當用其所長，教人當教其所短。」就是這個
道理。

至於「啟發引導」的部分，則可分成兩個層次：一是許衡要求學生從尋
常事理中體會，他說：「事物必有理，未有無理之物，兩件不可離，無物則理
何所寓？讀史傳事實文字皆以往粗跡，但其中亦有理在，聖人觀轉蓬便知造
車，或觀擔夫爭道而得運筆意，亦此類也。」（《魯齋遺書》卷一，〈語錄上〉）
有此認識，學者便可以從事物之中尋得天理，「學者窮究事物的道理，今日窮

究一件，明日窮究一件，用功到那累積多時，有一日間忽然有開悟通透。」（《魯齋遺書》卷四，〈大學直解〉），這可以說是許衡「格物致知」的意義。但我們曾在第四章說過，許衡學術思想的歸趨之處乃是倫理道德之事，故其「認知理性」必須服從於「道德理性」的範疇之中，知識的學習乃爲倫理道德的價值體系而發，所以許衡「啓發引導」的教學策略，還是必須回到「道德理性」的喚醒之上，並使學習者透過自覺的反省，瞭解倫理道德理想與實踐的重要性。

正因這樣的主張，許衡要求學習者從疑問中反省其內在的義涵，「及見學者能有疑問，先生喜氣溢於眉宇，嘗謂：書中無疑看得有疑，有疑卻看得無疑，方是有功。」（《魯齋遺書》卷十三，〈國學事蹟〉），接著因其材質，而給予不同的啓發引導，史載他的教學引導方式是：「先生之教人也，恩同父子，義若君臣，因其所明，開其所蔽而納諸善，時其動息而張弛之，愼其萌蘗而防範之，其日漸月漬不自知其變也。日新月盛而不知其化也，其言談舉止，望而知其爲先生弟子，卒皆爲世用矣。」（《魯齋遺書》卷十三，〈考歲略〉），如果遇到學習者已然犯過，則「每遇其徒，未嘗面詆其非，但從容款語，其人已不覺內愧發赤，或涕出悔其陷溺之深也。」（《魯齋遺書》卷十三，〈考歲略〉）。

二、溫故知新、學以致用

「溫故而知新」乃是儒家教育的基本觀念，《論語》甚至認爲能「溫故知新」的人，就足以爲人師了，可見儒家對此教學策略之重視。這句話如果放在今日，或許已是老生常談，但如果回歸於古代，所謂的「溫故知新」應該更具有其實務上的意義：首先，就知識的學習本身而言，不斷地吸收新知，同時溫習舊知，使知識學習的內涵得以不斷地加深加廣，對一個教師來說，理應具有這樣的學習態度，才能勝任教職；其次，就教學的策略而言，孔子即已示範一種學不厭、教不倦的作爲，他也以謙虛的態度追求學問，並勉勵弟子們養成積極的求知態度；再者，就治國平天下而言，《大學》中所指的「苟日新，日日新，又日新。」乃謂爲政者當在道德與知識兩者，日新月異，求新求變，不斷地追求一順應時局、善體民心的完善治道。前已明言，儒家以其經世的熱情，積極投入國家社會的建設之中，所以儒學的教育，當時刻以經世致用爲要務，希冀有朝一日得以貢獻所學，藉以實現「內聖外王」的理

想。因此，當我們試圖瞭解「溫故知新」的意義時，就必須與儒家「經世致用」的基本態度連結起來，才能真正掌握儒家教育的實際內涵。

許衡身處時代的新變，前文已提到，然此變局對他在教學與學習上，有何實際的影響呢？以學習的經歷而言，在當時離亂的環境之下，他從長期的章句學習，轉而接受程朱之學，乃是經過一番自我的省察，故其曾展現棄就從新的堅決意志，史料中有一段生動的紀錄，前文已有論及。然平心而論，許衡的改變顯然不是突發於一夕之間，他對時代環境的感受，可從他的行為上獲得印證，而且也早已對其學習事物的選擇上產生積極的影響。或許我們可以直接斷言，與其說他對程朱之學的認同很深，不如說他從程朱之學中找到了已然蟄伏於心中的經世熱情，因此，對程朱之學的詮釋中，他選擇了「簡易」和偏「外王」的路子，究其用心，乃是為建構其倫理道德的價值體系，藉以達成其經世濟民的理想。

事實上，經過本文前述各章的討論，我們印證了許衡的學術思想已將程朱之學加以轉化，經由重「內聖」的傾向，發展成「外王」的實際表現，而這樣的轉化現象，勢必影響他在教化上的作為。具體而言，我們認為就許衡的教學策略來說，就是「溫故知新」的繼承與變通，以及「學以致用」的實用教育觀。前文曾說「溫故知新」不僅是一種學習的態度，也是為師者在教學上的基本要求，更擴展從政者在道德與知識方面，不斷自我砥礪的具體實踐。對許衡而言，時代的新變局與書籍不流通所帶來的負面影響，反而成為其單向繼承程朱之學，與拓展新思維的最佳契機。這種學術傾向，恰巧成為因應新變局的最佳利器，觀其應對元世祖的廷對、奏議，以及提出許多後世儒者不認同的諸如「科舉」、「治生」等說，都是許衡靈活新思維的成果，也最能符合新變局的需要。

許衡說：

> 溫是溫習，故是已知的；敦是敦篤，厚是已能的，崇是謹的意思。子思又說，君子於所已知的必溫習涵泳之，而於理義能日知其所未知，於所已能的必敦篤持守之，而於節文能日謹其所未謹。這以上四句，是君子存心致知所以修德凝道的工夫。（《魯齋遺書》卷五，〈中庸直解〉）

上段引文中，許衡強調「君子於所已知的必溫習涵泳之，而於理義能日知其所未知，於所已能的必敦篤持守之，而於節文能日謹其所未謹。」即是希望

學生在道德的修養與知識的研習上，有所執守並踐履之，然此處有關「知新」的部分並未發揮，但我們可以從另一段文字窺知，「不可泥於跡而不知變化，雖淺近事物，亦必有形而上者，但學者能得聖神功用之妙，以觀萬事萬物之理可也，則形而下者，事爲之間，皆粗跡而不可廢。」（《魯齋遺書》卷一，〈語錄上〉），所謂「不可泥於跡而不知變化」，從教學的策略而言，就是教導學生不可執著於舊的事物或停留於表象的思維，反而應該汲取新的知識，以及深入探討事物背後的眞相。許衡一方面告訴學習者應該溫習涵泳已知者，並敦篤持守之，另一方面卻又強調「不可泥於跡而不知變化」，如純以學習的表象論之，兩者看似扞格不入，卻實有其必然的聯繫，而其中的關鍵，仍然得從許衡經世致用的立場衡之，方可掌握個中精髓。

　　我們認爲，許衡之所以教導學生適應變化的常態，應具有時代的重要意義。原本自然現象的變與常，早已是學者所共知的事實，但許衡似乎在其學說之中特別突顯這個現象，涉及變與常的相關言論，我們已在第三章「從自然觀到心性論」探討過，故此處不加贅述，我們卻可以試著關心許衡如何將常與變的現象，透過經世濟民的熱情而予以轉化，藉以形成某些倫理道德的價值實踐。許衡告訴學生：

> 天下古今一治一亂，治無常治，亂無常亂，亂之中有治焉，治之中有亂焉，亂極而入於治，治極而入於亂，亂之終，治之始也；治之終，亂之始也。……析而言之，有天焉，有人焉，究而言之，莫非命也。命之所在時也，時之所向勢也，勢不可爲，時不可犯，順而處之，則進退出處，窮達得失，莫非義也。（《魯齋遺書》卷九，〈與竇先生〉）

依許衡，政治上的治亂更迭現象，反而是一種自然的常態，他將一切的變化歸之於命，故而提出「勢不可爲，時不可犯，順而處之」的呼聲，然因應變局的原則，還是得回到「莫非義也」的倫理道德價值觀之上。許衡雖然將時勢的變化歸之於命，卻不是單純的宿命觀，或遁世隱身的消極態度，他所一再鼓勵的，反而是一種認清時局，堅持操守，積極奉獻的積極人生觀。許衡本身所示範的，就是這樣的典型，他懷抱著經世的熱情接受儒術，也泰然面對變局，採取某種積極的行動，在此過程中，他不僅貫徹儒家的基本主張，也因應時局有所調適，全面展開經世濟民的偉大志業，這不就是「溫故知新」、「學以致用」的最佳典範嗎？

許衡的教學策略中，十分重視「學以致用」觀念的傳達，史載他：

> 說書章數不務多，唯懇欵周折，若未甚領解，則引證設譬，必使通曉而後已。嘗問諸生：此章書義，若推之自身，今日之事有可用否？大凡欲其踐行而不貴徒說也。（《魯齋遺書》卷十三，〈國學事蹟〉）

他也一再告誡門人弟子「凡為學之道，必須一言一句自求己事，如六經語孟中我所未能，當勉而行之，或我所行不合於六經語孟中，便須改之，先務躬行，非止誦書作文而已。」（《魯齋遺書》卷一，〈語錄上〉），這是因為「聖人之道，當真知、當踐履，當求之於心，章句訓詁云乎哉！」（《魯齋遺書》卷二，〈語錄下〉）。許衡相信一切學問，固然當以倫理道德為先，但如果失去其實用的意義，便無可稱者，至於聖人要求「格物致知」，也是希望能達成這個目標，他說「大抵百行皆用當其可，得以成事，此聖門所以汲汲要格物致知。」（《魯齋遺書》卷二，〈語錄下〉），如此再配合倫理道德的價值觀，便可相得益彰。

三、循序漸進、內外薰陶

儒家認為學習的順序十分重要，所以在相應的教學策略上，也強調引導學生依照某種順序加以學習。許衡也繼承這樣的看法，而在教學的策略上有所強調，他說：

> 君子之道固無所不在，而進道的工夫卻有個次序，不可躐等。辟如行路一般，要到那遠處必須從近處起程，方可到得，未有不由近而能至遠者。辟如登高一般，要到那高處必從下面上去，方可到得，未有不由下而能升高者。（《魯齋遺書》卷五，〈中庸直解〉）

上段引文中，許衡認為君子之道無所不在，所以他曾說「道」在日常生活之中，此乃特指其普遍性，但所謂「講道的功夫」，即所謂修道學習的努力，則有其一定的次序，不可躐等。事實上，這種「循序漸進」的學習方法與教學的策略，對一般人而言，已是老生常談，但其中是否與許衡的學術思想體系有相應之處，或許是我們應該關切的問題？換句話說，「循序漸進」的教學策略對完成許衡倫理道德價值的體系，有何實質上的意義？

《論語》中提到「志於道、據於德、依於仁、游於藝」的觀念，或許可以視為一種學習的次第，儒家顯然將道德之事引為首要之務，這與他們積極

地經世熱情，有著密切的關聯性，爲突顯仁義道德的重要意義，儒者們超生了死，甚至積極地挺身衛道，慷慨赴義。對許衡而言，也是如此，他說：

> 或問窮理至於天下之物，必有所以然之故，與其所當然之則，所謂理也。曰博學、審問、愼思、明辯，此解說個窮字，其所以然與其所當然，此說個理字。所以然者，是本原也；所當然者，是末流也。所以然者，是命也；所當然者，是義也。每一事每一物，須有所以然與所當然。（《魯齋遺書》卷一，〈語錄上〉）

「所以然」與「所當然」的追求，分別指「認知理性」與「道德理性」的肯認，而「博學」、「審問」、「愼思」、「明辨」與「篤行」，就是此學習的次第，也是教學者引導學生的策略。

就「認知理性」而言，許衡曾說：「人於事物之理有未窮，則己之知識必有不能盡，所以《大學》中始初教人，必使爲學的，於凡天下的事物，無大無小件件上，莫不因他本心已知識的道理，益加功夫窮究，必要求到那至極的去處。」（《魯齋遺書》卷四，〈大學直解〉）。「格物窮理」就是追求「認知理性」的不二法門，「凡天下的事物，無大無小件件上」都加以窮究，就是一種知識的累積，但儒家志不在此，透過知識的累積形成某種意志力，指向倫理道德的主要內涵，這就是「認知理性」，所謂「莫不因他本心已知識的道理，益加功夫窮究，必要求到那至極的去處。」就是指「認知理性」，而此「認知理性」即是通往「道德理性」的唯一路徑，許衡說：「眾物之表裏精粗無不到，這便叫做格物；吾心之全體大用無不明，這叫做致知。」（《魯齋遺書》卷四，〈大學直解〉），「致知」的部分提到所謂「吾心之全體大用無不明」，便是「認知理性」歸結於「道德理性」的狀態，也就是儒家知識學習的目標。

以「道德理性」來說，許衡認爲：

> 君子存誠克己就義，始若甚難，終知甚易，可委者命，可憑者天，人無率爾，事有偶然，舍苗不耘，助而揠之，固爲有害，其害甚大。既徵於色，又發於聲。天道無他，庸玉汝成。（《魯齋遺書》卷九，〈與張左丞〉

不僅在知識的學習上，本有前後的次第，「存誠克己就義」等倫理道德之事，同樣是「舍苗不耘，固爲有害，助而揠之，其害甚大」。但倫理道德之事的學習爲什麼重視次第呢？許衡說：

> 教人使人必先使有恥，無恥則無所不爲，既知恥又須養護其知恥之

心，督責之使有所畏，榮耀之使有所慕。督責榮耀皆非所以為教
也。到無所謂不知慕時，都行不將去。（《魯齋遺書》卷一，〈語錄
上〉）

這段引文中指出，道德的學習不僅重在道德意識的培養，也必須貫徹在道德
行為的實踐之上，道德的「知」與「行」之間，也同樣地在學習上發生影響
力。我們曾在第四章提到，許衡雖然服從程朱「知先行後」的基本原則，卻
因其積極用世的熱情所致，也認為「知」與「行」兩者並重。許衡相信倫理
道德的學習是「知先於行」，而且「知行並重」，教學的策略上也是如此，所
以他說：「且教人不止各因其材，又當隨其學之所至而漸進之。教人與用人正
相反，用人當用其所長，教人當於其所短。」（《魯齋遺書》卷十三，〈通鑑〉）。
依許衡，正因「教人當於其所短」，所以必須「當隨其學之所至而漸進之」，
由此可見，許衡的確依照倫理道德之事的學習特性，指出學習上「循序漸進」
的重要性，同樣地，也在教學的策略上有所因應。

　　許衡如何因應「循序漸進」的教學策略呢？首先，他在教育的制度上開
始變革。為了徹底執行他心目中最好的教學內涵，許衡建議廣為徵辟伴讀的
助教，面對他人的質疑，他的說法是「我但教人而已，非用人也。方以我之
拙學教人，他人從否，未可知也。」（《魯齋遺書》卷十三，〈國學事蹟〉），事
實上，許衡認為「方以我之拙學教人，他人從否，未可知也。」就是希望透
過舊弟子的協助，維持其倫理道德教化的學習順序，這種做法，似乎是要造
成某種學閥，但另外一筆資料，則可以解釋其用心，「歲時，諸伴讀以酒禮至
先生家，先生辭曰：所以奏取諸生者，蓋為國家、為吾道、為學校、為後
進，非為供備我也。官守學所當得者俸祿也。俸祿之外，復於諸生有取焉，
欲師嚴道尊難矣。」（《魯齋遺書》卷十三，〈國學事蹟〉），可見其用心良苦。
此外，他也透過內在的道德理性喚醒，與夫外在的師友勸勉，內外薰陶以成
其教。內在的部分，「先生之教人也，恩同父子，義若君臣，因其所明，開其
所蔽而納諸善，時其動息而張弛之，慎其萌蘗而防範之，其日漸月漬不自知
其變也。」（《魯齋遺書》卷十三，〈考歲略〉），所謂「因其所明，開其所弊，
納諸善時其動息而弛張之，慎其萌蘗而防範之，日漸月漬不自知其變也。」
就是因其個別的特性，逐步喚醒其道德理性。外在的部分，許衡要求學生從
旁人的勸勉中，逐漸養成自我反省的能力，他的說法是：「凡在朋儕中，切戒
自滿，惟虛故能受，滿則無所容，人不我告，則止於此耳，不能日益也。故

一人之見不足以兼十人，我能取之十人是兼十人之能矣。取之不已，至于百人千人則在我者，可量也哉。」（《魯齋遺書》卷一，〈語錄上〉），朋儕之間的影響固是如此，舉凡週遭之人如有善言善行，也要見賢思齊，所以他說：

> 凡求益之道在於能受盡言，或議論經旨有見不到，或撰文字有所未工，以至凡在己者或有未善，人能爲我盡言之，我則致恭盡禮虛心而納之，果有可從，則終身服膺而不失，其或不可從，則退而自省也。（《魯齋遺書》卷一，〈語錄上〉）

無論是朋儕之間，或者是善人之言，都是學習者獲得進步的契機，當然，許衡的著眼點並非在於知識的累積，他還是將關注點集中在道德的修養之上。正因如此，他認爲外在的引導與內在的體悟一樣重要，此處許衡希望學習者透過外在的影響，獲得道德修養上的助力，這是他在積極喚醒「道德理性」之外，所倡導的另一種學習途徑。

第四節　績效與影響

許衡教育事業的績效與影響，已獲得後世儒者的一致推崇，然而，在這些掌聲的背後，仍有許多特別值得強調與肯定的部分，一如他在「教育目標」、「教育內容」、「教學策略」的表現，如果只從表面的形式上評斷其優劣，或許未能盡得其真正的精神與意義，許衡教育的績效與影響，自然應該順著他在上述各範疇的內涵，逐步闡發其內在的意義，才能真確地掌握箇中的奧祕。換句話說，許衡在教育上的績效與影響，乃是通過其教育目標的定向，教育內容的引導，以及教學策略的運用，師弟相承，代代不絕，方可產生此卓越的績效與影響時，就應該以前述範疇的討論爲基礎，進一步申論的現象與發展，才能連通一氣，深契許衡教化之旨。

凡是教育的績效與影響，必有其時間上和空間上的雙重定義。從空間的意義上來說，教育制度的形成，必然經過某種政策的訂定、成員間的彼此調適，以及時間的淬鍊、施行的成效，如此方能日見其功，進而推展至全國通行，無所窒礙；就時間上而言，人常謂「十年樹木，百年樹人」教育的表現固然在當時可能造成風潮，其深刻的影響，始終要經過時間的考驗、後人的評斷，才足以充分衡定其價值。因此，我們如欲掌握許衡在教育上的績效與影響，時間與空間兩方面的考察，都是應該特別注意的，這個部分我們將在後文中「教育的恢復與發展」這個範疇詳加探討。

　　然而，我們曾經說過，儒家的教化志業，從來都不是爲了教育而教育的，教育是爲了實現其治國平天下的理想，在這個前提之下，教育的一切作爲不僅是提供學生知識的學習而已，當有更爲遠大的目標。經由前述各章可知，許衡是透過倫理道德價值體系的建立，試圖完成「內聖外王」的目標，在此體系之中，乃是經由「內聖」的奠基，逐步發展其「外王」的一向功業。在這樣的概念之下，教化的志業，在倫理道德觀念的宣傳工作中，必然伴隨著理學思想的延續，與儒教的宣揚，將儒家「內聖外王」的理念代代相傳、前後相續，從師弟相傳的過程中，逐步實現此理想境界。這個部分，我們將在下文「宣揚孔孟教化」、「延續程朱理學」兩個論題，一一申論之。此外，許衡的倫理道德價值體系之中，教化的志業有部分的目標，乃是爲維持國家社會的穩定和諧，並以此爲基礎，進而不斷地進步發展中，增進人民福祉，達到治國平天下的最高理想。在這種狀況之下，許衡的教育工作，就成爲「政治穩定與引發革新的力量」，因此，這個部分也是我們必需專列一個論題，加以探討的。

一、宣揚孔孟教化

　　許衡曾對世祖之問而曰「學孔子」，也自言責善於君，乃宗孟子之教。我們認爲，許衡雖自言學術繼承程朱，卻又反覆提到孔孟的事蹟，或許有其實際的用心，而這個部分，應該得由教育的意義上觀察，才可見其端倪。事實上，程朱理學家也時見引孔說孟，而且以發千古之遺緒自許，許衡繼志述事，所以理應稱述孔孟，並無怪異之處，但是，若以許衡的時代環境，以及教化的意義而言，他說孔道孟，可能有另一層的意義。一方面，我們先從政治的立場上看，趙復北傳程朱理學，雖在當時造成一股風潮，可是元帝稟其重實利的民族性，不喜理學心性之說，另外又有一批如王文統般重實利的儒者，而且西域的色目人更是擅長經商理財，而獲得重用，在這種情況之下，許衡等人爲求在政治上有所表現，故不得隱藏程朱理學的學歷背景，而以孔孟說之。從另一層面上說，許衡在學術思想上追隨程朱，在言行舉措上，卻常以孔孟爲典範，我們認爲這種現象適足以說明他重實用，志在經世濟民的意願。在教育的意義上說，他不斷藉此向元帝傳達儒家思想，也爲弟子們及後世儒者呈現——「內聖外王」的最佳典範。

　　明代的肖鳴鳳曾說：

　　魯齋先生之學，實由尊信孔子而有所開發，志其篤志力行，玩心高明，世多故，參驗物理所自得者亦多矣。在元之時而有先生者出，雖志不得大行，然表章遺經，開倡絕學，使天下後世尚有所承藉，譬之窮冬沍寒春竟復生，其有功於彝教何其偉歟。……今去先生逾二百祀，六經四書之流布且徧于天下矣，然尚惜夫士之誦習，乃不過為利祿計耳，質美者非不多也，求所謂德性之事則莫之講；矜持者非不有也，至嚴於理欲之判則未之聞。故雖談王說霸，亦與身心無相干涉。固宜所趨之日卑也，是豈先生之所開倡。徒有名而無其實耶。(《許文正公遺書序》)

這段文字中「然尚惜夫士之誦習，乃不過為利祿計耳，質美者非不多也，求所謂德性之事則莫之講；矜持者非不有也，至嚴於理欲之判則未之聞。故雖談王說霸，亦與身心無相干涉。」此乃肖氏指出金末元初一般知識份子誦習乃是為求利祿，真能講習德性理欲之事者則實甚寡矣，因此，許衡提倡孔孟教化，當有益於世道人心，更讓有志於經世濟民的儒者，有所依循。

　　許衡不僅宣揚孔孟教化，自己也以身作則，奉行孔孟遺教，譬如他的進退仕隱之舉，一以道為依歸，後人稱他善學孔子，而無慚色，他為維護師道，不願忝居虛位，坐吃空餉，任權臣左右，而毅然求去；史載他屢召屢辭，最後終因權臣屢廢漢法，諸生廩餼不繼，辭歸鄉里，恬淡自適。歐陽玄稱他：

　　先生之於道統，非徒托諸言語文字之間而已也，蓋自慎篤之功，充而至於天德王道之蘊，故告知世祖治天下之要唯曰王道，及問其功則曰三十年有成，是以啓沃之際，務以堯舜其君，堯舜其民為己任，尤其真積力久，至誠交孚，言雖剴切，終無以忤。(《魯齋遺書》卷十三，〈神道碑〉)

他以「堯舜其君，堯舜其民」自許，所以言行皆以孔孟之教為法，而他帶給弟子們的深切影響，就在於以身作則，積極獻身於經世濟民的事業之中，無怨無悔。而他的引導也使異族統治的時代，仍然時見忠孝節義的善舉，甚至直到元末，儒家知識份子仍願意為元帝國奉獻生命，死守臣節，這或許就是許衡教化功績所致。

　　先秦孔孟所示範的儒學傾向，是從積極的入世精神出發，經由「內聖」的涵養，轉而努力的企求「外王」事業有所發揮，從這層意義來說，兩宋理

學在「外王」方面的精神氣度，遠遠不及孔孟者甚多。當然，兩宋儒學之所以偏重心性的內涵，原是時代的影響，以及學派間激盪的結果，理學家未必不願經世，他們也是積極的試圖投身於「外王」的事業之中，但畢竟成效有限，較之孔孟，他們還是不得不在「內聖」的涵養下做工夫。許衡既稱「學孔子」，又以程朱理學的後繼者自居，他對兩者的學習，以及從此兩者規擬出的一套教育的內涵，應該如何給予公允的評價呢？我們曾經說過，許衡以其經世的熱忱，對程朱是有所調適的，再觀其學術思想的建構乃以「簡易」門徑出發，最後卻依其對時代的認同與期許，還是回到「外王」的事業之上。相較於「內聖」，許衡取之於先秦孔孟學者，還是「外王」的部分偏多，觀其犯顏直諫，觀其為國為民，謀猶擘劃，孜孜不倦者，都是孔孟在「外王」事業的翻版，這是我們應該特別強調的重點。

　　既然如此，許衡又是以何種方式，將之落實於教育工作之中，藉以發揮其影響力？我們認為，至少有兩個角度可以說明：首先，是人格典型的示範。許衡一生愛國愛民、投身改革行動的積極形象，將成為弟子們永遠效法的典範；其次，儒學不再只是學派的代名詞，而是政經改革的不二法門。許衡雖然繼承程朱理學，但不因程朱理學而劃地自限，他要的是一套經世濟民的良方，正如先秦孔孟的時空條件一般，他們對知識的渴望，絕非僅是求知心的驅使，或是開宗立派的一己之私，更是祈盼修身、齊家、治國、平天下理想的全面實現。人稱：

> 許文正公衡，生乎戎馬搶攘之間，學於文獻散逸之後，一旦得其書而尊信之，凡所以處己致君者，無一不取於此，而朱子之學，遂衣被海內，其功詎可量哉！（《元文類》卷三十，〈張氏新塋記〉）

人們皆認為許衡的「所以處己致君者」之法，來自朱熹，孰知實乃有所變通，而其衣被海內，居功厥偉之處，除了延續程朱之外，更將其轉化而用諸於當世，以遙接千古孔孟遺風，當是我們不能忽略的部份。

二、延續程朱理學

　　歷代歌頌許衡者，嘟強調其延續程朱理學之功，誠然，當時南北未通，南方盛極一時的程朱之學，北方學者終，僅少數人有所接觸，直到江漢先生趙復的宣傳，北方程朱之學才真正開始盛行。然而距離儒臣所盼望的程朱理學廣為流傳，甚至成為治國方針的目標，顯然還有一大段的差距，今日我們

新回顧許衡的貢獻，如果沒有還原當時的困境與危機，許衡的眞正用心，或許難以彰顯，而一味的歌頌其偉業，沒有重點，難免無的放矢，人云亦云罷了，這些都不是突顯許衡功業應有的方式。

元人蘇天爵曾說：

> 世祖皇帝既定天下惇從文化，首徵覃懷許文正公爲之輔相，文正之學，尊明孔孟之遺經，以及伊洛諸儒之訓傳，使夫道德之言衣被四海，故當時學術之正，人才之多，而文正之功於聖世，蓋有所不可及焉！逮仁廟臨御，肇興貢舉，網羅俊彥，其程試之法：表章六經，至於《論語》、《大學》、《中庸》、《孟子》，專以周程朱子之說爲主，定爲國是，而曲學異說悉罷黜之。是則列聖所以明道術以正人心，育賢材以興治化者，其功用顧不重且大歟！（《滋溪文稿・伊洛淵源錄序》）

這一大段君臣遇合、四海昇平的頌辭，完全省略了不少歷史的現象，我們認爲，許衡之所以能夠造成「明道術以正人心，育賢材以興治畫者，其功用顧不重且大歟！」則在政治上經過一番激烈鬥爭的成果。元人夙重實利，人多謂金以儒亡，故元世祖不喜程朱心性之學，此前已論及，元人傳統教育也與理學大異；當時東平派的儒者多筆吏出身，故專長以實利傾向爲號召，與元廷統治階層頗相契合，所以「聚歛之臣」常能把持國家大權。此外，由於金朝科舉與皇室提倡，章句之學一直是民間的教育重點，程朱心性之學，力駁章句之習，如何捨彼從此，都是許衡在推動理學教育時，定然要面對的問題。

我們透過歷史的回顧，可以了解許衡提倡程朱理學所面對的困難與挑戰，也因此更加能夠掌握許衡在傳播程朱理學的貢獻。然而，我們還是再次強調，許衡傳播程朱之學，不僅僅是著意於繁衍一套學術思想，或是建立某種宗派形式的小傳統，他對程朱理學的傳承與傳播，是具有現實意義的，爲了實現「內王外聖」的理想，他對程朱也是有所轉化、有所調適的。在這層意義上看，許衡的繼承不只是生搬硬套，所謂的傳播也是具有實用的價值，藉此得以豐富程朱內涵，再造學術思想的新生命，從這個角度觀察，當更容易發掘許衡的價值與貢獻。虞集曾盛讚許衡曰：

> 文正故表章朱子小學一書以先之，勤之以洒掃應對以折其外，嚴之出入游息而養其中，撥忠孝之大綱以利其本，發禮法之微權以通其用，於是數十年彬彬然號稱名卿士大夫者皆其門人矣，嗚呼！使國

> 人之有聖賢之學，而朱子之書得行於斯世者，文正之公甚大矣。(《魯
> 齋全書》卷二，〈蜀郡虞公文集〉)

這段文字中指出許衡明確的要求學生從《小學》入手，做到「勤之以洒掃應
對以折其外，嚴之出入游息而養其中，掇忠孝之大綱以利其本，發禮法之微
權以通其用」的教育目標，原與其經世濟民的初衷相符，然朱熹學術思想中
的「外王」部分，也因許衡的倡導、實踐，繼而有所成績，乃成爲元朝正統
學派，由此可見，許衡延續程朱之學的功績，絕非全面引介其說，而是在實
用的前提下，簡易的舉出若干要點，透過績效肯定其價值，因此便自然達成
傳播的目的了。

明代薛瑄可謂許衡知己，他曾說過一段足以讓我們深思的話：

> 魯齋學徒在當時爲名臣則有之，得其傳者則未之聞也。程朱以外，
> 朱儒性理雜論尤當大著眼力，以辨其眞是眞非，不可執以爲先儒成
> 說，而悉從其言，魯齋謂其言有彌近理而大亂眞者，蓋謂是也。(《魯
> 齋遺書》卷十四，〈薛文清公讀書錄〉)

許衡之徒是否眞得其傳，其實見仁見智，或許能爲名臣，在某種意義上，是
否恰是實得許衡眞傳也未可知，本文不願在此多做辯駁。然而，薛瑄所謂「程
朱以外，朱儒性理雜論尤當大著眼力，以辨其眞是眞非，不可執以爲先儒成
說，而悉從其言」，倒是說出許衡爲學教化的特色。

三、教育的恢復與發展

金末元初之際，兵災四起，人民轉徙四方，流落飄零，欲學無師，不能
安心向學，再加上中央與地方的官方教育工作業已停擺，儒學教育的推動與
發展，已然面臨了嚴重的挑戰。元人的教育方式，與中原地區迥異，蒙哥汗
時期雖已設立國子學，且將漢族經典列爲教材，但其教學的內容仍以通譯
人才的培養爲主，主持學務者甚至以道士充任〔註19〕，由此可見，儒學教育
並不受重視，中央政府對教育事業也沒有全面推動的決心。地方的教育情
況，也不樂觀，北方仍盛行歐、蘇之學，金代科舉重章句的舊習，使得知識

〔註19〕元初的國子學雖然誦讀四書五經，國子祭酒卻由道士李志常擔任，儒者無法
　　　　眞正的掌握教育的實權。直到許衡受命接掌國子學，教導有方，後繼者多能
　　　　遵循其法度，地方州縣學，甚至私人書院，也遵循許衡教法，程朱之學的地
　　　　位始定。詳見蕭啓慶，〈大蒙古國的國子學——兼論蒙漢菁英涵化的濫觴與儒
　　　　道勢力的消長〉(收入《蒙元史新探》，允晨文化公司，1994年)。

份子仍將章句之學列爲學習的重心，但時局不靖，生活流離未安，許衡舊曾爲游騎所得，後幸可編入儒戶，否則難免淪爲刀下之鬼，或是充作童僕皂隸。直到元世祖潛居藩邸，中原新定，並受領漢地之時，地方教育的情形，尚未見好轉，在徵召許衡爲京兆提學之前，史載秦中百姓仍是「新脫於兵，欲學無師」的情況，由此可見，儒學的教育顯然並不普遍，而且有逐漸凋零之勢。

許衡在元世祖至元八年，獲得任命主持教化工作：

> 以爲集賢大學士，兼國子祭酒，親爲擇蒙古弟子俾教之。衡聞命，
> 喜曰：此吾事也。……久之，諸生人人自得，尊師敬業，下至童子，
> 亦知三綱五常爲生人之道。（《元史》卷一五八，〈許衡傳〉）

他以一儒臣興學，而且負有教育蒙古貴冑子弟的重責大任，這顯然與歷代儒者的教學工作有所區別。我們大概從兩方面思考這個現象：首先，他以儒臣興學，他的教育貢獻多是在官學的工作表現上；其次，許衡的教學對象，包括蒙古人的子弟，由於這批人是未來的政治權力核心，所以雖然是異族的子弟，卻仍是許衡著意培養的人才。儒臣興學，雖仍以儒學教化爲主，卻與在野儒者從事教化工作的意義有所不同，尤其是在異族主政的時期，許衡等儒臣的努力，當是別具意義的。

儒臣提倡儒學教育，乃是在政治力的影響下運作的結果，政治力的影響，各有優缺點，對儒臣而言，較之所謂的在野儒者興學，恐怕更需要運用某種政治的智慧了。政治力的影響，可以造成風行草偃的效果，因爲從中央到地方的貫徹執行，教育的政策可以與其他的法令一般，收到即時的成效，藉由法制化的過程，教育的事業也可以在一定的規模下，持續成長，而且影響深遠。然而，正因有政治力的影響，學術上五彩繽紛的現象不再，教育的理想、功能、內容，甚至教法都是一致化，教育作爲制衡現實政治的功能不在，卻只是位國家選拔人才，便利政治運行的順暢而已。尤有甚者，地方私學也列入管制，不僅主持鄉縣學者由中央任命，書院的山長變成官方指派，元代的書院制度正式如此，所以元代書院數量雖比兩宋更多，但教育的性質已是大不相同。即便如此，不甘爲政治附庸的儒臣，便力圖於教育的內涵上堅持儒家的理想，而且以身作則，爲後世的執教者的典範，由是儒學教育雖失批判功能，卻能在政治的影響力之下，仍不失儒學本色。

許衡雖在政治力的影響下，持續進行著教化的工作，儘管在某種角度來

說，過度的政治力介入可能導致學術發展受限，但在異族統治的時代中，此種現象或許未必，至少在動亂的時代，而且儒學教化已然凋零之際，這樣的政治介入，的確使得兵燹之後的中元地區，得以再現儒學教育的盛況。後代的儒者曾說：

> 魯齋許先生爲元一代大儒，遭逢世祖致身通顯，而其成己成物、用夏
> 變夷之功，自有不可泯者。(《魯齋遺書》卷十四，〈清江彭綱題〉)

所謂「用夏變夷之功」，就是透過教化的工作，使元代統治階層認識並接受儒教，當然，夷夏之分乃是中國傳統知識份子的偏見，許衡未必有此看法，但是在異族入主，時局動盪，教育事業日見頹圮之時，許衡致力於恢復與發展教育的事業，當有其重大的意義。後人認爲：

> 在元之時而有先生者出，雖志不得大行，雖表章遺經，開倡絕學，
> 使天下後世尚有所承藉，譬之窮冬沍寒春竟復生，其有功於彝教何
> 其偉歟。(《許文正公遺書序》)

所謂「表章遺經，開倡絕學，使天下後世尚有所承藉」，就是指他在元初混亂的時局中，毅然肩負起教化眾人的使命，我們從這個角度觀察，大致就可以說明他主要的影響和貢獻了。

四、政治穩定與引發革新的力量

我們曾經論證過儒家的教育目標與內容，都是在於強調倫理道德的價值觀，而此價值觀的確立，乃植基於社會倫理脈絡下的個人，因其所處的地位，行其所當行，不可稍有僭越踰矩的情事，是故君臣、父子、夫婦、兄弟、朋友皆各安其位，社會倫理秩序井然，國家因而長治久安。許衡也在闡述政治理想時，特別強調這個觀念，尤其在「君臣之道」的部份，多有發揮，除此之外，他在明示教育目標時，首重「明人倫」的大義，因此，許衡教化的志業，對於國家社會的穩定和諧，當是具有關鍵性的影響。

許衡的倫理道德價值體系中，有關教化的志業，我們把它劃歸於「外王」的範疇，此乃符合古代「政教合一」的傳統，更是儒家重教化的具體實踐。此外，前文的論述中可知，許衡在論及教育的功用時，便反覆提及教育對政治工作的實效，以及在建構整個倫理道德價值體系的重要意義，故也符合許衡原旨。在儒家「內聖外王」理想中，教育的工作有其重要意義，並約可分爲三點論之：第一，教育提供人倫關係的認識與實踐機會，社會秩序因而和

諧穩定；第二，教育培養未來施政人才，此乃實踐儒家「內聖外王」理想的種子，第三，教育規劃一理想的政治遠景，有待社會所有成員努力追尋。基於此三者，許衡的教育工作，當可促成元初政治穩定，以及一股持續改革的力量。在這個過程中，許衡宣揚傳統儒家文化時，是一位思想家；他積極從事政治活動，希望有所補益時，是一位政治家；他不畏權貴，直斥聚斂之舉，朝政治制度化努力時，是一位改革者；有計劃的訓練人才，以備國用，又在教育的內容與教學的策略上推陳出新，是一位十足的教育家。他一生的行誼，已是促成社會穩定，引發革新力量的源泉，他以身作則，並透過教育的方式所傳達者，就是這種精神。

　　許衡在這樣的教育方式之下，的確培養了不少優秀的人才，他們在政治上的表現，以及個人的品德操守，都能有很好的名聲。王惲的評論是：

> 及其入仕，皆明敏通疏，果於從政，如子諒侍儀之正大，子金中丞之剛直。康提刑之仕優進學，弟親臣之明經行修，堅童、君永之議事機，子享待制之善書，學企、中客、省之、真幹楊歷省臺，蔚為國用，豈小補哉？（《邱澗先生文集》卷九十九）

若從政治實務而論，元初儒者以儒術緣飾吏治，應該是最成功的一個環節。程端禮談到許衡倡導朱子之學時說：

> 儒為學者之稱，吏則其仕焉之名也，名二而道一也，儒其體，吏其用也。學，古入官，古之制也。……自許文正公得朱子之學，以光輔世祖皇帝，天下學者始知讀朱子所釋之經，知真儒實學知所在，然則士生今日者，可不自知其幸歟！誠能讀其書，而真修實踐焉，以儒術而行吏事於從政……子夏曰：仕而優則學，學而優則仕，然則儒吏果二道，而有所輕於其間哉？（《畏齋集。儒吏說》）

元代重胥吏，士人多以吏進，原有其歷史的發展因素，儒臣便因應此變局，主張以「儒術緣飾吏治」〔註20〕。程氏所謂儒為體，以吏為用，實乃儒臣共

〔註20〕王明蓀認為元是一個重吏治的朝代，許多士人多由吏進，即使科舉恢復之後，也沒有太大的改變，這種現象，十分特殊，此乃因為元帝不識唐宋以來的傳統，又以其重實利的觀念，政府革創之時又需要大量的胥吏協助公務，士人雖然不願為之，卻也迫於現實，接受這個事實。然而，當時的儒臣又同時在政壇上做兩件事，以挽救日趨嚴重的吏弊，其一是批駁「聚斂之臣」；其一是以儒術緣飾吏治。（相關論述詳見王明蓀，〈元代儒吏之論與儒術緣飾吏治〉，《華學月刊》第一三九期，1983 年）

同努力的目標。他特別指出許衡的努力，已然在吏治上建功，其關鍵處就在
於以儒教充實官吏的內涵，「誠能讀其書，而眞修實踐焉，以儒術而行吏事於
從政」。因此，整個國家的行政人員，不僅行政實務工作邁入常軌，也因學習
倫理道德的價值觀，成爲促進和穩定和諧社會倫理秩序的一股力量，如果我
們從這個角度觀察，便可說是許衡借教育的功能，提高吏治的素質，間接造
成國家社會的穩定發展。

第八章　許衡倫理道德價值體系的完成

　　本文論述的過程，在於突顯許衡的倫理道德價值體系，因此從緒論開始，就將焦點集中於許衡架構其倫理道德價值體系的心態、時代影響、學術傳承、以及理論系統的聯繫。我們相信，許衡的思想系統絕非僅是某種學派思想的傳遞而已，應是積極盱衡時勢所產生的一套處世法則，而運用此法則的最終目標，必須與儒家「內聖外王」相對應，才能彰顯其內在義涵，發揮其具體的精神與價值，本文在透過文獻的充分探討論證後，得知這種想法並非只是純然的推論而已，無疑地，這是許衡一生念茲在茲的理想與目標。

　　做爲一位儒家人物，許衡同時具備思想家、政治家、教育家，以及博學通達的學者等多重身分，而他在歷史上的評價也是多樣的，然而，儘管他一生的是非功過或許見仁見智，他對元代學術的影響卻是有目共睹的。回顧歷史的軌跡，如果試圖對他做一公允的評價，同情的瞭解是必須的，但與其掇拾某些斷簡殘編，悍然論其是非，不如創造地闡發其學術思想的體系，再給予深刻的評價，才是一種合理的做法，這正是本文寫作的動機所在。

　　然而，如何才能以同情的理解，闡發其學術思想的體系呢？我們認爲，一個思想家學術思想體系的完成，絕非一蹴可幾的，其間必須經過不斷的消化吸收，並逐漸地調適轉化、創造發展，最後才足以形成一個堅實的理論體系。檢視歷史的記載，許衡生於戰亂，並未接受正統教育，又先習章句之學，後來才自發的追求程朱理學的奧秘；在政治的表現上，仕元的這段期間，屢召屢辭，又不惜面忤權臣，犯顏直諫，另一方面則熱衷教化，培養許多優秀的人才。我們認爲，或許這些表現在其著作中未曾著錄，卻是影響其學術思想體系的關鍵因素，因此，以「發展觀」詮釋許衡學術思想的形成，應該是

一種合宜的做法，但是這裡所謂的「發展觀」不是指時間上的逐漸變化成形，而是特指理論層次轉化調適、涵泳深入的歷程。

本章是在前述各章的前提下，從後設的角度，探討許衡倫理道德價值體系的完成經過，這種處理方式，顯然是將倫理道德的價值體系，視為許衡學術思想的核心，再經由同理的詮釋，客觀的架構，逐步展現此價值體系的內涵，這也是本文一直努力的目標。然而，正如前文所述，許衡的倫理道德價值體系並非一蹴可幾，而且從發展的觀念上說，許衡曲折的學習背景，以及對程朱理學的吸收轉化，也非旦夕之功。因此，或許我們應該在呈現其倫理道德價值體系之前，概略性的闡述許衡對先儒學術的認識與轉化，而此認識轉化的成果，將是做為支持該倫理道德價值體系的基礎內涵。本章將許衡對先儒學術認識與轉化，以及做為支持其倫理道德價值體系的基礎兩個部分，統合在「思想系統的架構」的論題中詳述，接著，我們將順著前述的結論，指出許衡倫理道德價值體系的內涵，以及其逐漸建構而成的經過，這個部份，我們將放在「價值體系的形成」中討論。最後，應該就是完整地指出這一套倫理道德價值體系的特色，藉以突出許衡學術思想的重心。正如前述，許衡架構此倫理道德價值體系，並非僅求立一家之言，事實上，以程朱的學統而言，許衡在理論上的發展，較之程朱後學，未必有過人之處，因此，我們肯定的是許衡將此價值體系做為因應時局、修己治人的良方，他不僅希望用夏變夷，更盼望實現儒家「內聖外王」的理想。基於這種看法，我們指出許衡倫理道德價值體系的特色，這些特色可以彰顯出許衡學說的時代意義，以及他在儒學上的貢獻。但從另一方面，我們也可藉由這些特色，反省他的一些缺點和限制，不過這個部分，我們將在結論時，再行申述。

第一節　思想系統的架構

許衡就像其他的理學家一樣，對於「自然觀」、「心性論」、「格致論」、「知行觀」、「道德修養工夫」、「政治理想與實踐」、「教化的志業」等範疇，都有論及，如果以這些範疇為綱，一一解釋許衡對這些範疇的看法，也算是完整的介紹了許衡的思想內涵。但理學家建構其思想系統是否依範疇立論？以一致性的範疇是否可以涵蓋所有理學家的看法？這些範疇是否彼此毫無聯繫？這些都是我們應該深思的問題。因此，本文並不打算採取範疇式的個別論述策略，而是希望通過某些概念的系統化，並以許衡的思考傾向為基礎，重新

將上述各個範疇之間做有機的聯繫，這個思考傾向就是儒家傳統「內聖外王」的理想，而他正是企圖建構一個倫理道德的價值體系，藉以實現該理想，於是，許衡的思想範疇必須都指向建構此價值體系，方能產生有機的聯繫。本文第三、四章曾經提到許衡將「從自然觀到心性論」與「從格致論到知行觀」兩個部分，分別做為其發展倫理道德價值體系的基礎，以及做為醞釀此價值體系的理論準備，接著在第五章以下，逐步闡釋許衡建構其倫理道德價值體系的三個主要範疇。我們認為，這就是許衡學術思想系統的整體架構，茲以圖示如下：

許衡思想系統架構圖

上圖中「自然觀到心性論」的部份，乃是許衡繼承兩宋儒學（特別是程朱理學）的內涵，同時，也是他試圖形成自己學術思想系統的起點。我們曾經在本文第三章提過，這個從先秦儒家《中庸》、《易傳》的傳統開始，繼而大盛於兩宋理學的「由外而內」模式，就是許衡立論的立足點。然而，儘管許衡先從「自然觀」的立場著手，但他最終關懷處，還是得歸依於人類社會的範疇之中，所以他的論述必須落實在「心性論」中做結。正因如此，許衡如同所有的儒者一般，無法開出自然科學的傳統，而是秉持人文的關懷，永遠地將焦點集中於人類群體的脈絡之中，並因而開出人生的哲學、倫理的價值，以及道德的規範。

我們認為，聯繫「自然觀」與「心性論」的觀念，就是傳統的「天人合一」的思維模式，而許衡繼承程朱理學，強調人「心」的作用和意義，就是主觀的企求上與天齊的惟一憑藉，歸結其核心處，即為「道德理性」的覺醒。

因此，天道與性命相貫通，天人合而爲一，天理乃是倫理道德規範的形上依據。此外，許衡也追隨儒家的腳步，將對心性的看法，擴展到社會倫理的秩序之中，因此，許衡必須提出一套相應的法則，做爲積極投入經世大業前的充分準備。做爲中國傳統思想的重要範疇，「格致論」和「知行觀」兩者，一直都是兩宋理學家反復詮釋的論題，儘管如此，「格致論」從未侷限於「認知理性」詮解，或是認知方法的單純認識而已；「知行觀」也不單單停留在所知與所行的連繫，或是知行關係的辯證而已。經過許衡的理論再詮釋，「格致論」的「認知理性」成份，已然歸屬於「道德理性」的統領之下，一切認知的行爲，乃爲倫理道德之事服務，再無其獨立的意義和價值；「知行觀」則將知行的連繫問題，引申爲道德意識與道德實踐的問題，在社會倫理秩序穩定和諧的訴求下，「知」與「行」形成緊密的結合，「知」與「行」之間諸如先後、輕重、緩急、分合等關係，就不再是純理論的爭議，而是必須置於實踐的層面考察，才能充分掌握其內在義涵。

許衡業已完成建構的「自然觀」到「心性論」的部份，並且在從「格致論」連繫到「知行觀」的過程中，持續地發揮建構的熱忱，而此行爲背後的動機，就是他積極經世的渴望。我們認爲，連繫「格致論」到「知行觀」的最關鍵因素，就在於對倫理道德之事的關懷，以及不斷強調「心」的作用和意義兩者。前者使得「格致論」與「知行觀」有一明確的發展方向；後者則是將透過「心」的中介意義，將天賦的道德理性引導並落實於現實生活之中。因此，我們在上述的架構圖中，將「從自然觀到心性論」與「從格致論到知行觀」以一虛線相連，做爲兩者在理論架構上的內在連繫。在許衡的思想系統架構中，「從自然觀到心性論」與「從格致論到知行觀」，一是其架構倫理道德價值體系的基礎，一是蘊釀此價值體系的實踐概念，如果從發展的觀點來說，沒有這兩個部份的預先設定，許衡的倫理價值體系將無由成立，該體系內的各個組成範疇，也將失去堅實的內涵，彼此之間，更將因而失去聯繫的中介觀念，由此可見其重要性。

許衡以「自然觀到心性論」與「格致論到知行觀」兩者爲基礎，所建構而成的倫理道德價值體系，即爲本文探討的核心，正因其經世的熱情所致，倫理道德價值的體系幾乎是其學術思想系統架構的重心，此可歸因於許衡不管在前儒思想的轉化調適，以及對時代環境認識因應，表現在理論上的繼承、調適、轉化、發展，都是指向此價值體系的建立，藉以因應時局、教化萬方，

我們如果在這樣的角度下，或許更能同情的理解許衡的苦心。有關許衡倫理道德價值體系的形成與內涵，容後再論，此處我們想強調的是，許衡的倫理道德價值體系，也許不能代表他學術思想的全部內涵，但如果我們心目中的許衡是一積極獻身於政治教化事業之中，時刻以儒家「內聖外王」為念的形象，或許對倫理道德價值體系的瞭解，當是掌握他思想內涵的一把鑰匙，而其他的論述範疇，都因而形成某種有機的連繫，而非僅是零散的概念，或是無意義的轉述前人之說而已。

第二節　價值體系的形成

我們把許衡繼承儒學傳統、因應時代變局的一套策略，稱之為「倫理道德價值體系」，當有其理論上的特殊意義。既然如此，許衡的價值體系當然是倫理道德之事，然所謂「倫理道德」，應該是指社會倫理脈絡之下的道德行為，所以無論採用何種形式，道德的意識和實踐，永遠都是為維繫社會倫理的和諧秩序而努力，因此，儘管儒家講究個人道德修養的首出概念，但其仍是以回歸社會倫理脈絡之中作為最後的歸宿。何謂「價值體系」？我們認為如果某一個學術思想是入世的，他在思想系統上，始終維持某一種價值的判準，藉以消化吸收、轉化擯棄其他的異端，同樣的，正因其入世的傾向，此學術上的價值判準，也同時成為成己成物、修己治人的準則。無疑地，儒家學術思想的判準，就是倫理道德，不僅在學術上以此牴排異端，儒者在言行上也以此為準則。在這樣的思維邏輯下，一切理念的鋪陳與實踐的規劃，都不能離開倫理道德的範疇之外，所有價值判斷的規準，永遠都必須服從於自古儒家代代相傳的仁義道德規範之下，這是我們在理解許衡倫理道德價值體系如何形成之前，應該要先行具備的概念。

許衡的倫理道德價值體系，主要是由三個範疇構成，分別是：「道德修養的工夫」、「政治的思想與實踐」、「教化的志業」。此三者都是以許衡揉合轉化先儒之說，歸結而成「從自然觀到心性論」與「從格致論到知行觀」的兩組內涵為基礎的，所以許衡價值體系中的三個範疇，仍然保存著許衡轉化後的諸如「自然觀」、「心性論」、「格致論」、「知行觀」等觀念的影子。我們曾經強調，許衡的倫理道德價值體系，絕非一蹴可幾，必須有先前基礎理論的充分探討，才能擁有自己的學術思想體系，更何況許衡是將此價值體系做為應對時局的策略，藉以實現「內聖外王」的理想，故而在基礎理論上的充分探

討，將是形成此價值體系的必要條件，這就是我們一再強調的「發展觀」詮釋立場。

　　既然是一個學術思想的體系，各個範疇便有一定的聯繫，才能形成體系，我們所要討論的是許衡的價值體系，必須共享一價值的判斷標準，才足以稱之為價值的體系。那麼，這三個範疇是如何聯繫的呢？他們是以什麼樣的完成此一聯繫的呢？所謂的價值判準又是什麼？這個問題不難回答，卻還是得先回到許衡學思的基本動機。我們曾說許衡建構倫理道德的價值體系，乃是為了因應時代，從轉化先儒學說的過程中，逐步實現「內聖外王」的理想，因此，如果我們試圖掌握許衡價值體系內部三範疇的聯繫時，採用「內聖外王」的概念做為核心，應當更能貼近許衡建構此價值體系的初衷。

　　「內聖外王」的概念對任何一位儒者而言，都不算陌生，甚至他們常把它掛在嘴邊，做為一生追求的目標，然而此概念經過歷史的洗鍊，事實上已經負載了許多新的意義了。「內聖外王」原本內外對舉，講究內在的道德修養與外在的建功立業，具有十分密切的關係，《大學》指出格物、致知、誠意、正心、修身、齊家、治國、平天下的工夫次第，就具體的將「內聖」與「外王」理解為前後相續的一套工夫，當然，原本講究內在的道德修養與外在的建功立業聯繫的立場，也含括其中。然而，「內聖」與「外王」兩者，隨著歷代儒者的詮釋角度不同，因應的時代變局有異，孰輕孰重，用力的方向與深淺也因而有所差異，尤有甚者，「內聖」與「外王」兩者的範疇廣狹不一，定義也隨之有別。

　　從另一個角度來說，儒家「內聖」的工夫原有「德性不息」的深義〔註1〕，此謂儒家的道德修養工夫絕非靜止的狀態，「聖人」並不是某種階級地位的代名詞，聖人的可貴在於一種不斷地在道德上求進步的過程。因此，儒家雖然強調先「內聖」而「外王」，真正的聖王仍然時刻感念天意民心，自我砥礪，才能做到儒家所企求的理想。在這樣的前提下，「內聖」與「外王」不只是前

〔註1〕「德性不息」是勞思光在說明中國佛學特性時的一個名詞，他認為印度佛教原有階級意識，某些社會階級低下者不能成佛，中國佛學則強調「眾生皆有佛性」，此外，勞氏也認為中國佛學借傳統「德性不息」的觀念，特別重視成佛者仍須不斷修行，否則將不免墮入輪迴，這個部分也是中國佛學的對印度佛學的吸收轉化（詳見《新編中國哲學史》，台北：三民書局，1990年）。本文借用「德性不息」的觀念，闡述「內聖」與「外王」之間不斷循環、相互取資的關係。

後相續的兩個階段，兩者之間，應該還保持著某種循環互動的關係，「內聖」而後「外王」，「外王」之後仍需持續「內聖」的工夫，接著再對「外王」產生影響，循環不絕。「內聖」與「外王」兩者，並非某工夫階段的終止，而只是標舉內外之分，以及道德修養與建功立業之別，就實際的情況來說，「內聖」與「外王」，雖然確有先後之分，但一旦形成緊密的聯繫，兩者的關係是不斷的循環，相互取資的，都是朝德性不息、精益求精的方向前進的。

如果我們將許衡倫理道德價值體系中的「道德修養的工夫」、「政治的思想與實踐」、「教化的志業」等三個範疇，採用「內聖外王」的概念區分之，三個範疇的聯繫就照然若揭了。「道德修養的工夫」是屬於「內聖」的部分，當無異辭，「政治的思想與實踐」與「教化的志業」兩者，則是「外王」的具體表現。但此兩者乃由「道德修養的工夫」中汲取養分，所以政治的基本架構與教育的目標，都是從倫理道德的概念出發的；涉及政治事務的實踐以及教育策略的採用，都一再強調爲政者的仁義至上，教育的策略則孜孜於喚醒人們天賦的「道德理性」。如此一來，「道德修養的工夫」對「政治的思想與實踐」、「教化的志業」兩個範疇而言，就產生了十分重要的影響，在許衡的倫理道德價值體系之中，先「內聖」後「外王」，就是指「道德修養的工夫」對「政治的思想與實踐」、「教化的志業」兩者的聯繫關係。此外，我們還得特別注意的是，許衡的「教化的志業」，原本就希望爲元廷培養未來的施政人才，不單許衡如此，元世祖也在相同的前提下支持儒學教育，但我們更應該重視許衡的教育工作對儒學傳播的貢獻，以及儒學政治理想與實踐在元朝的特殊意義。基於這樣的認識，「政治的思想與實踐」、「教化的志業」之間，應該也具有另一層意義的聯繫關係，所以我們在上圖中將兩者以虛線連繫。

最後，我們還是得回扣到「內聖外王」的觀念之上。本文第五章探討「道德修養的工夫」時，曾列出「處世哲學」一節，用以標舉該章與「外王」諸範疇的關係；第六、七章論述「政治的思想與實踐」、「教化的志業」兩個範疇時，則分別詳述「內聖外王」的理念，此舉實爲強調這兩個範疇與「內聖」的內在聯繫。前文已述及「內聖」與「外王」兩者，重在相互取資，不斷循環的歷程，其目的即在於藉由德行上的不斷自我砥礪，成己也成物，共同塑造一儒家理想的境界，因此，「內聖」固然是一起點，「外王」卻絕非終點，「聖王」自然不是一特殊階級，如果不在德性上日精月益，甚至不如愚夫愚婦之所爲。在「政治的思想與實踐」、「教化的志業」兩方面，許衡要求主政者和

教學者，固然應該以倫理道德教化爲始，但時時自我砥礪的工夫絕對不可偏廢，才能與「道德修養的工夫」形成緊密的關聯，循環往復，相互取資，故而如源泉活水，生生不息，實踐「內聖外王」的理想時方不致於有所偏失，也不惑於外物的引誘了。

第三節　價值體系的特色

透過本文各章的論述，我們大概可以試著歸納出許衡倫理道德價值體系的幾個特色，但這裡所謂的「特色」，並不是拿許衡和佛、道做比較，而是從儒學的大傳統，以及知識份子對時代環境的因應上立論的。在這樣的前提下，我們將比較容易發現許衡在儒學的大傳統中的地位，以及他因應時局而對儒學所發揮的革新與創造的表現。以下，我們將從五個方面，以較爲客觀的角度，嘗試解讀許衡倫理道德價值體系的特色。

第一，確立了倫理道德的核心意義與價值。從儒學的大傳統來看，倫理道德的觀念一向是每個儒者奉行的圭臬，這對後世儒者而言，似乎並無特殊之處，但是如果把時空拉到元初的許衡，或許確立倫理道德的核心意義與價值，以及做爲實踐「內聖外王」理想的判準，就可稱爲一項明顯的特色。從儒學的傳承而言，許衡積極地宣傳倫理道德的觀念，並藉著在朝參政之便，將之滲入政治與教化的實際作爲之中，他對儒學的傳遞，採取了較爲偏向「外王」的事功表現，卻仍不廢「內聖」方面的要求，所以他一方面借用程朱的學理，一方面更效法先秦孔孟之例，積極地拓展倫理道德的觀念於實務之中。換句話說，在強烈的經世熱忱之下，倫理道德觀念不只是一種學派的思想觀念，更是具有實用的價值，許衡就是以倫理道德的觀念爲核心價值，將其落實於實際的政治和教化的實務中。

如果從時代環境的調適上說，元朝統治者的實利觀點，乃是一歷史經驗的累積，元人多不識儒家教化，也是事實，再加上武力侵略的基本國策，使得當時一批儒者，爲迎合統治者的喜好，專在功利的表現上，發揮其具體的功能，這些是我們在前述各章反覆提到的，這是許衡所必須面對的挑戰與時代難題。我們相信，許衡確立倫理道德觀念的核心價值，就是因應時勢的一種策略。許衡堅信儒家經由倫理道德觀念所衍生的一套應世法則，就是使國家社會長治久安的不二法門，在這套法則之下，功利的取向並不被否定，只是不能先於倫理道德的觀念，做爲維持國家社會繁榮穩定的首要之務，換句

話說，沒有倫理道德的內在前提，徒於功利強權上用心，將是殘國蠹民之舉。所以，他在廷對及奏議時倡言行漢法之利；論「中書大要」、「用賢」、「得民心」之急；也談獎勵農桑學校之事等等，又在論教育時首重「明人倫」，並宣揚《小學》而後《大學》的學習次第，就是爲上下統屬關係，定一明確的規範，而此規範，正是倫理道德之事。因此，對許衡而言，確立倫理道德的核心意義和價值，即是他因應時局的最佳策略，卻不僅僅是介紹一套儒家的教化方式而已。

　　第二，維持社會倫理的和諧秩序。這是順著前述倫理道德核心價值的理路而來的。元初政局混亂、社會動盪，除了本是改朝換代的普遍現象之外，未經漢化的異族入主，以征服者的姿態橫徵暴斂、欺壓奴視，以及社會秩序的大幅變動，儒家知識份子顛沛流離。此外，傳統士農工商四民之分，更被加上了種族意識的階級記號，草原興起的蒙古族，甚至顛覆了以農立國的基本觀念，凡此種種，全與傳統中原文化相左。於是，許衡爲首的一批知識份子，爲穩定元初的政局，便起而倡導儒家維護社會倫理秩序的良策。從先秦儒家開始，孔孟就已經爲理想的國家社會規劃一大致的藍圖，儒者們都相信，這個等同於上古三代聖王時期的良風善政，一定可以在現世中獲得實現，然實現的契機，則非儒家的一套倫理道德價值體系不可。許衡等人以儒家維護社會倫理秩序的思考方式，所倡導的治平良策，就是從這個傳統之中，獲得很大的啓示與影響的。

　　許衡依循儒家的傳統模式，將社會倫理中的角色一一定位，再從兩兩相對立場的關係中賦予應有的行爲規範，「父子有親、君臣有義、夫婦有別、長幼有序、朋友有信。」就是指社會脈絡下相對關係應有的行爲規範，各個角色如能恪守此行爲規範，便可因而維持良好的社會倫理秩序。然而，儒家認爲維持社會倫理秩序的行爲規範並非統治者的私意，乃是上應天理，下順民情的正道，所以他鼓勵社會中的個人在善加體會這層意義後，應該自發的遵循這套行爲規範，社會如有失序的現象，甚至必須起而捍衛這套行爲規範，藉以實現自我存在價值，追求社會秩序的永久和諧。

　　我們在許衡的倫理道德價值體系中，不難發現類似的論述，但從時代環境的變局中觀察，許衡的倡導與落實，似乎更見其特殊之處。譬如許衡在政治思想的論述中，曾經花了不少的篇幅談「君道」與「臣道」：他認爲後世之君應仿效古代聖王，兢兢業業，勵精圖治，時刻以克承天心，下體民意爲念，

他曾出「爲君難六事」，其中件件都是成就一儒家心目中聖君英主的必要條件；爲臣者也應上承君意，下順民心，宵旰憂勤，效法孔明般爲所當爲，不計利害，鞠躬盡瘁，死而後已。我們認爲，許衡的這些論述對窮兵黷武的元帝，和那批以聚歛之才逢迎的臣子們，的確具有強烈的諷刺作用，而他將這些理念傳達給弟子們，使得他的教化工作，更具有實質的意義。

第三，實事求是，強烈的實踐性格。後世對許衡的評論，大多都集中在他重實踐的特色上，如果我們從他的倫理道德價值體系中觀察，更容易發現這種現象。從兩宋理學的標準來看，許衡雖然繼承程朱之說，但性理精義上發揮不多，前人多稱之爲「簡易」，甚至有些學者還譏爲「粗跡」，所以如果從理學正統的脈絡來看，許衡實在難登大雅之堂。但是，我們如果把他放在儒學的大傳統之下，他重實踐的學術性格，也是孔孟以來所示範儒學典型的一種範疇，所以他並非儒學異端，甚至在某種意義上，還矯正了理學偏向「內聖」的弊端。此外，如果我們把許衡重實踐的傾向解讀成重「外王」的事功派，業已發展成熟的程朱「內聖」理學傳統，就成爲「外王」的基礎與憑藉，「內聖」的內涵並無接續發展的必要，僅須配合時局加以轉化與調適而已。所以許衡的學說絕非「粗跡」，「簡易」也是基於因應時局的需要，這都得從許衡積極經世的強烈實踐性格觀察，才能一窺端倪。

許衡的倫理道德價值體系中，幾乎都充斥著實踐的特色：就「道德修養工夫」來說，許衡認爲「內聖」都是爲了「外王」做準備，而個人的存在價值必須從社會倫理秩序中界定，所以個人的道德修養乃是爲了維持社會倫理秩序的和諧，此外，在整個價值體系中，個人的道德修養也是政治發展的前提，以及教育的主要目標和內容。正在這樣的觀念之下，道德的修養工夫就不再只是默坐澄心、不問世事的超然修煉，而是在日常生活中切實發揮作用，從「外王」事業中證諸道德修養工夫的價值。因此，如果我們不是從這個角度理解許衡的道德修養工夫，較諸兩宋理學家的工夫造詣，許衡的表現實在不值一論了。

在「政治思想與實踐」與「教化的志業」中，許衡曾經提到「治生」與以學校取代科舉主張，都是以重實踐的立場，省視當時的政策，所獲得的結論。後儒曾以許衡「治生」的說法偏離儒學大道，而科舉一向爲中國傳統取士的門徑，故許衡之說，似乎又與舊說扞格不入，甚至有悖離之嫌，然而，如果我們從許衡身處的歷史條件而論，或許會有不同的體會，這個部分我們

已經在第四章大致談過，所以不再詳述。總之，許衡重實踐的學術性格，使他的倫理道德價值體系，不僅合乎儒家傳統的思維方式，在某些因應時局的調適上，更能拋開兩宋理學意識型態上的包袱，而在面對時代的困境時，提出足以針砭時弊的解決方案。

第四，用夏變夷，致君堯舜。許衡倫理道德的價值體系，乃是形成於異族入主的時代之中，他無視於夷夏之防，也不忌憚異族文化的可能排斥，毅然的投入經世濟民的工作之中，而他的價值體系正是欲完成此工作的重要憑藉。本文在架構許衡的學術思想系統時，不斷地提醒在學術傳承外，客觀的時代環境絕對是影響許衡思想的關鍵處，原因無他，歷史記載中許衡就是積極入世、致君堯舜的形象。他的學術思想自然不能離此而論，更何況是投身於一個異族統治的政體呢？許衡透過文化的介紹與政治鬥爭，不斷地灌輸統治者及未來施政人才儒家的思想，這一連串艱苦的行動與決心，若非認清現實的問題而有所調適，應該很難有此績效。

對許衡而言，「用夏變夷」不是口號，而是具體的行動，「致君堯舜」不是理想，而是從落實其倫理道德價值體系做起。從道德的修養開始，發展而成政治的思想與實踐，以及教化的實務工作，凡此種種，都是許衡在其價值體系中，通過「內聖」而「外王」的步驟後，具體地以行動落實「用夏變夷」、「致君堯舜」的主張，這是我們在理解許衡倫理道德價值體系的特色時，尤其不能忽略的一環。

第五，程朱理學的調適轉化。我們可以這麼說，許衡的倫理道德價值體系中，處處都有程朱理學的痕跡，卻也處處見到許衡的取捨轉化，所以許衡的學術思想不是程朱的翻版或複製，而是有其獨特的精神與價值。在許衡的學術思想系統中，作為其倫理道德價值體系的基礎與醞釀成分，我們分別稱之為「從自然觀到心性論」與「從格致論到知行觀」兩大思想脈落，若無此思想脈落，許衡的價值體系將無實在內涵，整個體系也將因無理論基礎而一觸即潰，然此思想脈落，就是從程朱理學的調適轉化而來的。

我們說「調適轉化」，其實是從許衡接受程朱理學的主觀條件與客觀背景立論的。許衡原本博學，輾轉得知程朱理學後，又透過自學而有所心得，時值金末元初，中原大亂，他毅然棄舊學而歸理學，在政治上對異族統治者獻策，並從與儒學異端周旋而發揮很大的影響力，我們相信這些經歷都是形成他學術思想體系的關鍵因素。我們曾經用「發展」的觀點解釋許衡思想的形

成，事實上，在發展的過程中，許衡的倫理道德價值體系就是逐漸從程朱理學中調適轉化而來，當然，這其中伴隨著時代的影響、實務工作的參與，以及理論的不斷深化。所以，許衡的價值體系是從調適轉化程朱理學而來，從這個角度說，他賦予了儒學新的精神，也使儒學通過了時代的考驗，發展成多面向的思想體系。

第九章　結　論

　　許衡的倫理道德價值體系，乃是順承儒家的大傳統，並由兩宋理學家的啓發，所成立的一套因應時局的策略，在許衡眼中，儒家的倫理道德觀念並不迂闊，尤其在亂世之中，儒家倫理道德觀念所衍生的安邦定國之道，尤其是他所致力傳承與發展的重點。因此，他以倫理道德爲核心的觀念與價值，其用意乃在維繫社會倫理秩序的穩定與和諧，正因他以這樣的立場出發，所以先秦至兩宋的儒學傳統就不只是某種學派的理論而已，卻有其實用的價值，而許衡將這套價值觀落實在個人的身心修養，以及政治和教化的實際作爲之中，藉以形成一價值體系，作爲儒者應世的法則。此外他藉著倫理道德意義的宣揚，也逐步化解了元朝入主中原後日益尖銳對立的「治統」與「道統」問題。上述種種特色，都是我們從許衡倫理道德價值體系中歸納而得，這些特色，也是我們掌握許衡學術思想系統架構的幾個重要關鍵點。

　　生於金末元初之際，許衡身爲一個儒者，學術傳承與歷史使命都是他不容輕忽的重擔，所以我們一開始就不打算過分抬高某個部分，或是貶低另一個部分的價值，甚至以其中之一爲標準，苛責另一部分未能達成此標準，因爲，這些都不是合宜的做法，也可能違背許衡原旨。正如同許衡積極入仕的精神，並未悖離先秦儒家以來的典範，而他所面對的時代變局之劇，並不亞於之前的任一個歷史階段，來自於民族、文化、價值觀，以及生命體認、團體意識歸屬的衝突，都是當時的知識份子曾因而徬徨失措的主要成因，許衡堅決地從認同儒家思想出發，配合時代變局，進行轉化調適的工作，因而再造儒學新生命，這是我們應該給予高度評價的地方。此外，許衡運用儒家倫理道德的價值觀，盱衡元初時局，所引發的一套價值體系，的確在維持社會

群體內部的和諧穩定上，發揮了極大的功能與意義。本文第七章已論及許衡教化的志業下所產生的績效與影響，我們認爲，透過弟子們的傳播，許衡的倫理道德價值體系，顯然在當時已經產生很大的迴響，而且迅速在政治、社會、經濟等層面蔓延開來。更重要的，他所示範的「學以躬行爲急，而不徒事乎語言文字之間，道以致用爲先，而不徒極乎性命之奧，其所得者蓋純乎正而不可加矣。」足以讓「留心性命而忽於躬行致用之實者」汗顏，而使後世「有志於聖賢之道者，可以省矣」（《魯齋遺書》卷十四，〈又表彰文正公碑記〉）。因此，我們相信許衡學術思想對後世的影響頗鉅，而且或許不只留在某種抽象概念的表達而已，但此類論證，將涉及更廣泛地學術史討論範疇，實非本文所能囊括，故將另文詳論之。

我們知道，元帝國是跨越歐亞的超大汗國，其疆域之廣，牧民之眾，實屬空前，而其間因文化價值觀所造成的社會階級意識，文化互動頻繁所造成的主流價值偏頗的現象，使得儒家文化不再定於一尊，甚至有些儒者竟與統治者妥協，將功利的立場置於倫理道德之前。對儒家而言，凡此種種，都是足以危害社會秩序穩定和諧的潛在危機，而對治之道則無非是一套倫理道德的價值體系，許衡學術思想的價值，也可以從這方面加以衡定。歷史告訴我們，儒家知識份子常隨著時代變化呈現出不同的入世表現，每當朝代衰微，亡國在即，知識份子常發出悲鳴，痛陳學術之壞與時局之敝，新朝肇建，知識份子則表現出積極的態度，常以創新學說與追求事功表現爲使命，也間接的造成一股向上提升的蓬勃朝氣，如果我們將元初的勁健活潑之氣，與宋代初期和末期相較，應該更能發現其中的規律現象。元初以許衡爲首的一批儒者，他們所呈現出來的積極態度，以及熱衷於在外事功的傾向，是極容易觀察出來的，又任國子祭酒，所以其道德文章影響深遠，本文論述他的倫理道德價值體系，其用意即在於呈現許衡身處其中，如何爲當時的人們指引出一條傳承過去、因應未來的良策。

除此之外，許衡的經世熱忱，也給後世的儒者一個良好的示範。儒者的仕隱，原本有其價值標準的判斷依據，但一般人常因隱而高其清譽，因仕而訾其求祿，更常見無謂的種族意識、夷夏之防，久而久之，儒者多是坐享清譽之徒，卻缺少捨生忘死、見義勇爲的從政者，這不僅是經世學術的墮落，更是國家民族的不幸。儒家能不能開出「民主法治」的規模，能不能達成「客觀法制化」的目標，那是一回事，但儒家知識份子能不能自覺地參與政治事

務，而且基於強烈的責任感和使命感，積極地以政治的理想引導並解決現實的問題，那又是另一回事。如何透過知識份子的集體參與，發揮政治上的正面意義，那是可以深入探討的，但如果只是以隱逸爲高、託遺世之名，則「經世濟民」、「內聖外王」終究只是空談。因此，我們認爲許衡所示範的一個知識份子積極參與政治實務的表現，是絕對值得肯定的，許多曲解許衡的後世評論，或許在其論其世、讀其書、究其心、觀其行之後，應該能夠得到與本文相同的認識，而給予由衷的讚賞了。

此外，在許衡的倫理道德價值體系之中，我們發現了很強實踐性，以及實事求是的基本立場，而許衡也強調「道」應落實於人倫日用之間，並非什麼高遠的道理，這種詮釋的內涵，顯然和程朱所遺留下來的理學規模，有所不同。程朱龐大的理學架構，以及在「內聖」工夫的高度發揮，其後學便持續在這兩個部分發展，其流弊則更淪於空疏，與現實人生漸行漸遠。事實上，程朱未嘗不重實踐，他們也認爲應該從日常生活中體會並實踐天理，但許衡的學說之所以被歸於「簡易」、「粗跡」，顯然是其後學以理論是否龐大，「內聖」工夫是否精微而衡之，當然，此舉未得許衡之旨，也未窺程朱之全豹，這是十分可惜的事。

儒學的事業，固有「內聖」與「外王」之分，兩者各對儒學發展有其實質的貢獻，但此兩者在另一個層面上，卻同時需要在學術思想和生活實踐兩個範疇加深加廣。換句話說，儒學的進步應該植基於學術思想上不斷地深入精研，生活實踐上的廣泛嘗試，兩個範疇再互爲參考，更加強化儒學的內在意義與外在功能。如此一來，「內聖」與「外王」都能獲得充分的發展，也才能從新的詮釋與應用中，不斷發揮其經世致用的效果。許衡在程朱理學業已發展至高峰之際，能夠順應時勢，加以轉化調適，要求知識份子從日常生活中確實實踐，並積極投身於政治與教化的工作之中，可謂善學程朱者，也爲儒學的發展注入新的生命，不僅學術思想如此，生活實踐上亦復如是，這也是我們應該要強調的正面價值。

然而，儒學仍有其限制性，它提供中國人倫理道德的豐富資源，也同時帶來了理論與實踐上的雙重困境，許衡的倫理道德價值體系也是如此。我們曾經說過，許衡在上述的情況下，的確爲當時的知識份子提供了一套處世的哲學，也爲現實的政治社會，規劃了以倫理道德價值爲核心的理想藍圖。儘管如此，許衡的學術思想仍然無法逃離儒學本身的限制，他在若干的概念上，

甚至引發了新的問題，這些都是我們在衡定許衡的思想價值時，同樣必須關注的現象。

首先，儒家以倫理道德爲核心價值的政治社會理想藍圖，就產生了很大的問題。如何從「內聖」到「外王」獲得一致性的發展，一向是儒家努力的重點，然而，個人道德修養是否可以逐漸外延，繼而發展成國家社會的穩定力量，其間所涉及的或許不僅僅是道德標準不一的具體衝突，而是政治制度是否可以「客觀化」，不同階層和群體中的角色是否認可的問題。儒家的政治實務並非沒有制度化，但他是從主觀的道德意識出發，要求社會團體中的個人自覺的遵守，但是實際上，「私利」與「公利」之間，似乎永遠難以在主觀的道德意識下獲得平衡，甚至在道德價值的判準下，仍然不免落入兩難的情境，這是儒家最常面對的問題。

以「君權」爲例，君主是否依儒者建議能以百姓心爲心，是否能夠認同「民貴君輕」的想法，還是個大問題，而從歷代入仕的儒者努力弭合「治統」與「道統」的差距，實際成效卻總是有限，由此似乎就可以看出這個問題的嚴重性。我們曾經說過，元世祖重儒教、行漢法，這是事實，但他信任「聚斂之臣」，鞏固蒙古的統治地位，甚至不斷發動侵略戰爭，也是事實，許衡盡力在教化上影響世祖和蒙古子弟，成效又是如何呢？其實，儒家以倫理道德作爲社會倫理秩序的根基並無不妥，問題就在於必須相應的找出一套客觀化的標準，藉以平衡各階層本位的價值衝突，儒家一向認爲主觀的倫理道德，放諸四海而皆準，顯然和實際的政治社會現象有很大的差距。

此外，以倫理道德爲核心觀念的思想，也會壓縮其他領域的發展，當然，我們沒有必要用西方開出的現代文明爲標準，去責備古代中國的知識份子。但是，以元代爲例，其重實用的傾向，工藝科技的發明的確盛極一時，許衡本人也對天文科學造詣頗深，卻如曇花一現，事實上，中國傳統科技發明，大多來自「自然觀」的詮釋基礎，繼而發展出一套成熟的理論。然而，就像宋儒宣揚「天人合一」論點的一樣，他們從倫理道德的思維出發，其關注點不在於天而在於人，乃是爲維繫社會倫理秩序和諧所做的努力，正因此主從之分，立場有異，所以許衡建立倫理道德價值體系的動機，遠遠超過做一整套的天文曆法研究的興趣。政治制度亦然，現今所崇尚的「法治」觀念，中國傳統社會似乎並不盛行，當然，古代儒家學者是否認同是一回事，「法治」觀念的確定涵義與推動與否則又是一回事。儒家強調「人治」，乃是

順應其「重人倫」的倫理道德觀念而來，即使君主專橫，也不曾希望找出一條客觀的制度規模以限定君主專擅的弊端，當然，這並不意味著現今民主法治是唯一抉擇，獨裁形式的「法治」假象也無可稱道，但儒者只是盲目的信仰三代之治，也相信每位君主都能做到堯舜的政績，恐怕難逃消極退縮之譏。從另一個角度看，即使儒者未曾消極退縮，也曾為治國平天下的理想捨生忘死、從容就義，那就是在學術體系的思維上出了問題，而這個問題的關鍵處就在倫理道德的核心立場，壓縮了其他領域的發展空間。換句話說，傳統儒學的探討空間內，根本難以開出倫理道德以外的東西，這是許衡也很難避免的問題。

　　上述諸項，原本出於儒家學術系統與經世觀念的限制，許衡也難以自免，從另一個角度觀察，在時局的因應上，他的倫理道德價值體系，就能夠完全達到針砭時弊的目標嗎？事實上是否定的。元初的統治者推行儒學是別有用心的，即使像許衡這樣的名臣，也是聊備諮詢，還是不能總攬大政，獲得元帝絕對信任的。當然，更開闊的政治思維下，君主的認同未必是必行的策略，那麼許衡在元初推動倫理道德價值體系還有哪些問題呢？這是我們接下來要關心的論題。許衡努力地將傳統學說地做一番調適轉化的工夫，這是絕對值得我們讚賞的，但我們也不能否認他的成效也是有限的，除了上述儒家原有的限制外，應該還有他學術思想本身的問題。首先，蒙古人以武力統一中原，儒者建議採漢法治國，所以表面上是蒙古人征服漢人，儒者卻希望「用夏變夷」，以文化內在地征服野蠻的蒙古人。這批儒者毅然地摒棄「夷夏之辨」的陋習，在認清政治現實後採取積極的態度參與政治改革，固然值得喝采，但他們對文化的交流上，是否採取持平的立場？許衡在《時務五事》中說明統治中國非行漢法不可，儒臣也一致地強調「陛下帝中國，當行中國事。」的重要性。當然，因地制宜並無不妥，統治者尊重當地文化也無可厚非，甚至西域人也可以主動的學習儒術，但儒者對蒙古甚至西域的文化似乎並沒有相應的尊重，難道異族文化全無可取之處？還是儒者的主觀立場阻絕的文化交流與相互學習的可能？這批儒者在文化上優越感上是否製造另一種「夷夏之辨」？我們姑且不論蒙古草原生活所培養出的一種積極、樂觀、活潑性格，或是西域人理財、經商、遼闊的世界觀是否值得儒者學習，但至少儒學的侷限，或許因為異文化的衝擊，可能會產生不同於釋道的學術刺激，而有文化重整的新契機。而且，在文化上的相應了解和尊重，或許也不至於像許衡等

人努力於理想實踐的過程中，最後竟落得政治鬥爭落幕。

此外，儒家知識份子懷抱經世濟民之志，在各領域中積極奉獻，其用心值得讚許，但正因如此，可能在妄自尊大的心理下，忽略了社會脈絡中不同領域或勢力間的對話，因而導致理想的窒礙難行。許衡等儒臣怒斥所謂「聚斂之臣」，強調應以儒術緣飾吏治，興辦學校，以明人倫為先，同道之間相互援引，蔚為風尚。而事實上，重實用的官吏，操辦國家龐大的行政運作，賦稅營收，只要不殘民牟利，是不能一概斥之為聚斂之臣的，此外，吏治以儒術飾之，並非壞事，卻仍有理想與現實的落差，這是許衡應該在思考的問題。元代學校有蒙古、回回之專門學，教學內容兼及醫學、陰陽學等科技知識者，如果全以儒術為尊，科舉取士捨此不進，地方書院全歸官營，此類學校的特色將逐漸淹沒，學術何由多樣化的興盛、發展呢？我們認為，許衡這批儒者如果能夠放下身段，以更開闊的胸懷接受不同領域，不同階層的聲音，共同為經世濟民貢獻心力，儒學規模將更為開闊，更能符合經世目的，他們對國家社會的貢獻也將更有成效。

最後，可能就是學術的基本立場。許衡積極尋求「外王」的表現，所以他以程朱理學為基礎，在實際的政治運作中定官制、立朝儀、修曆法，可以說是歷來儒者中較有績效的一位。然而，觀其著作與廷對疏議，還是反覆地闡述儒家的倫理道德觀念，而且在原理的闡發上，遠比實務工作的探討更多。當然，在朝代更迭，異族入主之際，這種做法，固然有其絕對的價值與意義，但元初百廢待舉，統治者一貫的「實利」立場下，許衡等儒臣是否應該花更多的時間在落實工作的層面上呢？經由上述探討，我們希望面這個層面是建基於文化交流、不同領域的對話、客觀實踐的前提之下產生的。如果許衡在繼承前儒的精神之後，也在這個部分多用心，他重「外王」的良好示範，或許會帶動一股新的風氣，造成儒學的「外王」事業的新風貌。但這只是一種假設，我們這裡所強調的，就是許衡應該除了脫離「內聖外王」必然聯繫的的基本限制外，更值得去思考建立「外王」事業的種種細節，再回顧「內聖」的問題，這才是完全的積極轉化程朱之說，開出一片新天地的務實做法。

參考書目

一、古籍專書部份（依作者姓名筆劃順序排列）

1. 王夫之撰，《讀通鑑論》（四部刊要），台北：漢京文化出版公司，1984年。

2. 王夫之撰，《船山全書》，長沙：嶽麓書社，1988年。

3. 王安石撰，《王臨川全集》（中國學術名著），台北：世界書局，1988年。

4. 王先謙著，《荀子集解》，台北：藝文印書館，1988年。

5. 王叔岷撰，《莊子校詮》，台北：中研院歷史語言所，1988年。

6. 王弼注，阮元校勘，周易注疏，《孔穎達正義》，台北：藝文印書館，1955年。

7. 王弼著，樓宇烈校釋，《王弼集校釋》，北京：中華書局，1980年。

8. 王惲撰，《秋澗先生大全集》（四部叢刊），上海：上海書店，1989年。

9. 王陽明著，葉紹鈞點註，《傳習錄》，台北：台灣商務印書館，1991年。

10. 孔安國注，阮元校勘，尚書注疏，《孔穎達正義》，台北：藝文印書館，1955年。

11. 札奇斯欽，《蒙古黃金史註譯》，台北：聯經出版事業公司，1979年。

12. 札奇斯欽，《蒙古秘史新譯並註釋十卷》，續卷二卷，台北：聯經出版事業公司，1979年。

13. 札奇斯欽，《蒙古黃金史註譯》，台北：聯經出版事業公司，1979年。

14. 多桑、馮承鈞撰，《多桑蒙古史》，上海市：上海書店出版社，2001年。

15. 安井衡纂詁，《管子纂詁》，台北：新文豐出版社，1978年。

16. 永瑢、紀昀等撰，《武英殿本四庫全書總目提要》，台北：台灣商務印書館，1983年。

17. 李修生主編，《全元文南京》，江蘇古籍出版社，1998 年。

18. 朱師轍撰，《商君書解詁定本》，台北：鼎文書局，1979 年。

19. 朱熹撰，《朱子大全》（四部備要），台北：台灣中華書局，1965 年。

20. 朱熹撰，張伯行集解，《四書集注、小學集解》，台北：世界書局，1971 年。

21. 朱熹撰，《朱文公文集》（四部叢刊），台北：台灣商務印書館，1990 年。

22. 宋濂撰，翁獨建點校，《元史》（百衲本），北京：中華書局。

23. 余闕撰，《青陽先生文集》（四部叢刊），上海：上海書店，1984 年。

24. 孟軻撰，趙岐注，孫奭疏，《孟子注疏》（四庫全書叢書），台北：台灣商務印書館，1983 年。

25. 胡祇遹撰，《紫山大全集》（四庫全書珍本），台北：台灣商務印書館，1973 年。

26. 胡寶瑛著，《周子全書》，台北：武陵出版社，1990 年。

27. 柯劭忞撰，《新元史》，台北：藝文印書館，1982 年。

28. 姚燧撰，《牧庵集》（叢書集成初編），北京：中華書局，1985 年。

29. 耶律楚材撰，《湛然居士集》（摛藻堂四庫全書薈要），台北：世界書局，1988 年。

30. 孫承澤撰，《元朝人物略》（元明史料叢編），台北：學海出版社，1984 年。

31. 孫承澤撰，《元朝典故編年考》（元明史料叢編），台北：學海出版社，1984 年。

32. 孫詒讓著，《墨子閒詁》，台北：華正書局，1987 年。

33. 馬敘倫著，《老子校詁》，北京：中華書局，1974 年。

34. 徐夢莘撰，《陵川集》（四庫全書珍本），台北：台灣商務印書館，1987 年。

35. 郝經撰，《三朝北盟會編》，上海：上海古籍出版社，1973 年。

36. 黃暉撰，《論衡校釋》，台北：台灣商務印書館，1965 年。

37. 陳邦瞻，《元史紀事本末》，台北：三民書局，1989 年。

38. 陳亮撰，《龍川文集》（叢書集成初編），北京：中華書局，1985 年。

39. 陳淳撰，《北溪字義》（百部叢書集成），台北：藝文印書館，1965 年。

40. 張載撰，《張載集》，北京：中華書店，1978 年。

41. 張履祥撰，《楊園先生全集》（四庫全書存目叢書），台南：莊嚴文化事業公司，1995 年。

42. 陸九淵撰，王宗沐編，《陸象山全集》，台北：世界書局，1990 年。

43. 陸世儀撰，張伯行編，《思辨錄輯要》（四庫全書叢書），台北：台灣商務印書館，1983 年。

44. 陶宗儀撰，《輟耕錄》（叢書集成初編），北京：中華書局，1985 年。

45. 許衡撰，《魯齋遺書》（四庫全書珍本），台北：台灣商務印書館，1973 年。

46. 許衡撰，郝縉編集，何瑭校正，《魯齋全書、魯齋心法》，台北：廣文書局，1991 年。

47. 屠寄撰，《新校本蒙兀兒史記》，台北：鼎文書局，1978 年。

48. 脫脫撰，《宋史》（百衲本二十四史），台北：台灣商務印書館，1988 年。

49. 脫脫撰，《金史》（百衲本二十四史），台北：台灣商務印書館，1988 年。

50. 《景印元本大元聖政國朝典章》，台北：國立故宮博物院，1976 年。

51. 程端禮撰，《畏齋集六卷》（四明叢書），四明張氏約園刊本，1932 年。

52. 程顥、程頤撰，《二程集》（四部刊要），台北：漢京文化出版公司，1983 年。

53. 黃宗羲著，《明夷待訪錄》（四部備要），台北：台灣中華書局，1965 年。

54. 黃宗羲著，全祖望補修，陳金生、梁運華點校，《宋元學案》，北京：中華書局，1986 年。

55. 葉子奇撰，《草木子》（元明史料筆記叢刊），北京：中華書局，1959 年。

56. 董仲舒撰，《春秋繁露》（百部叢書集成），台北：藝文印書館，1966 年。

57. 賈誼撰，盧文弨校，《新書》（叢書集成初編），北京：中華書局，1985 年。

58. 楊奐撰，《還山遺稿》（百部叢書集成續編），台北：藝文印書館，1972 年。

59. 楊維楨撰，《東維子文集》（四部叢刊），台北：台灣商務印書館，1990 年。

60. 趙翼著，《精校標點二十二史劄記》，台北：廣文書局，1992 年。

61. 鄭玄注，孔穎達正義，阮元校勘，《禮記注疏》，台北：藝文印書館，1955 年。

62. 黎靖德編，王星賢點校，《朱子語類》，北京：中華書局，1986 年。

63. 劉因撰，《靜修集》（摛藻堂四庫全書薈要），臺北：世界書局，1988 年。

64. 劉祁撰，《歸潛志》（元明史料筆記叢刊），北京：中華書局，1983 年。

65. 劉寶楠編，劉恭冕續編，《論語正義》，台北：世界書局，1956 年。

66. 盧文弨撰，《韓非子校正》，台北：成文書局，1980 年。

67. 韓愈撰，馬通伯校注，《韓昌黎文集校注》，香港：中華書局，1972 年。

68. 魏初撰，《青崖集》（四庫善本叢書），台北：藝文印書館。

69. 蘇天爵輯撰，姚景安點校，《元朝名臣事略》，北京：中華書局，1996年。

70. 蘇天爵撰，《滋溪文稿》（百部叢書集成續編），台北：藝文印書館，1972年。

71. 蘇天爵編，《元文類》（景印文淵閣四庫全書），台北：台灣商務印書館，1983年。

72. 蘇軾撰，《東坡全集》（摛藻堂四庫全書薈要），台北：世界書局，1988年。

73. 顧炎武著，《日知錄》（人人文庫），台北：台灣商務印書館，1978年。

二、現代專書暨單篇論文（依作者姓名筆劃順序排列）

（一）專　書

1. 王明蓀，《元代的士人與政治》，台北：台灣學生書局，1992年。

2. 王明蓀，《早期蒙古游牧社會的結構》，台北：嘉新水泥文基會，1976年。

3. 王炳照、閻國華主編，《中國教育思想通史》，湖南教育出版社，1994年。

4. 王炳照，《中國古代書院》，北京：商務印書館，1998年。

5. 王炳照、郭齊家，《中國教育史研究——宋元分卷》，上海：華東師範大學出版社，2000年。

6. 王開府，《儒家倫理學析論》，台北：台灣學生書局，1986年。

7. 王健文，《奉天承運》，台北：東大圖書公司，1995年。

8. 中村元著，林太、馬小鶴譯，《東方民族的思維方法》，台北：淑馨出版社，1990年。

9. 方克立，《中國哲學史上的知行觀》，北京：人民出版社，1982年。

10. 方東美，《新儒家哲學十八講》，台北：黎明文化公司，1989年。

11. 云峰，《中國元代科技史》，北京：人民出版社，1994年。

12. 札奇斯欽，《蒙古文化與社會》，台北：台灣商務印書館，1992年。

13. 伍振鷟，《中國教育思想史》（兩宋部分），台北：師大書苑，1995年。

14. 古清美，《宋明理學概述》，臺北：臺灣書店，1996年。

15. 田浩著，姜長蘇譯，《功利主義儒家：陳亮對朱熹的挑戰》，南京：江蘇人民出版發行，1997年。

16. 牟宗三，《中國哲學的特質》，台北：台灣學生書局，1987年。

17. 牟宗三，《歷史哲學》，台北：台灣學生書局，1988 年。

18. 牟宗三，《中國哲學十九講》，台北：台灣學生書局，1989 年。

19. 牟宗三，《現象與物自身》，台北：台灣學生書局，1990 年。

20. 牟宗三，《心體與性體》，台北：正中書局，1990 年。

21. 牟宗三，《從陸象山到劉蕺山》，台北：台灣學生書局，1993 年。

22. 牟宗三，《政道與治道》，台北：台灣學生書局，1996 年。

23. 朱漢民、李弘棋主編，《中國書院》，湖南教育出版社，1997 年。

24. 〔德〕Friedrich Paulsen 著，何懷宏、廖申白譯，《倫理學體系》，台北：淑馨出版社，1989 年。

25. 李申，《中國儒教史》，上海：上海人民出版社，1999 年。

26. 李杜，《中國古代天道思想論》，台北：藍燈文化事業公司，1992 年。

27. 李澤厚，《中國古代思想史論》，台北：風雲時代出版公司，1990 年。

28. 杜維明，《人生與自我修養》，台北：聯經出版事業公司，1992 年。

29. 杜維明，《儒家思想》，台北：東大圖書公司，1997 年。

30. 杜維明主編，《儒學發展的宏觀透視》，台北：正中書局，1997 年。

31. 杜維明著，段德智譯，《論儒學的宗教性》，武昌：武漢大學出版社，1999 年。

32. 余英時，《歷史與思想》，台北：聯經出版社，1976 年。

33. 余英時，《中國知識階層史論──古代篇》，台北：聯經出版事業公司，1980 年。

34. 余英時等，《中國歷史轉型時期的知識分子》，台北：聯經出版事業公司，1992 年。

35. 李則芬，《元史新講》，台北：黎明文化公司，1989 年。

36. 李志林，《氣論與傳統思維方式》，上海：學林出版社，1990 年。

37. 林安梧，《儒學與中國傳統社會之哲學省察》，台北：幼獅文化公司，1996 年。

38. 金觀濤、劉青峰，《興盛與危機──論中國封建社會的超穩定結構》，台北：天山出版社，1987 年。

39. 周少川，《元代史學思想研究》，北京：社會科學文獻出版社，1986 年。

40. 周康燮主編，《元代社會經濟史論集》，香港：崇文書店，1975 年。

41. 金永炫，《元代「北許南吳」理學思想研究》，私立輔仁大學哲學研究所博士論文，1987 年。

42. 姚大力，《漠北來去──元朝興衰啟示錄》，台北：年輪文化出版，1998 年。

43. 姚從吾，《遼金元史講義——乙金朝史》，台北：正中書局，1977年。

44. 姚從吾，《遼金元史講義——丙元朝史》，台北：正中書局，1977年。

45. 姚從吾，《遼金元史論文》（上、中、下），台北：正中書局，1977年。

46. 南京大學歷史系元史研究室編，《元史論集》，南京：人民出版社，1984年。

47. 侯外盧、邱漢生、張豈之主編，《宋明理學史》（上、下），北京：人民出版社，1997年。

48. 施湘興，《儒家天人合一思想之研究》，台北：正中書局，1981年。

49. 胡美琦，《中國教育史》，台北：三民書局，1990年。

50. 姜一涵，《元代奎章閣及奎章人物》，台北：聯經出版事業公司，1981年。

51. 姜法曾，《中國倫理學史略》，北京：中華書局，1991年。

52. 唐君毅，《文化意識與道德理性》，台北：台灣學生書局，1986年。

53. 唐君毅，《中國哲學原論——原道篇貳》，台北：台灣學生書局，1986年。

54. 唐君毅，《中國文化之精神價值》，台北：正中書局，1989年。

55. 唐君毅，《心物與人生》，台北：台灣學生書局，1989年。

56. 唐君毅，《中國哲學原論——導論篇》，台北：台灣學生書局，1993年。

57. 韋政通編，《中國思想史方法論文選集》，台北：水牛圖書公司，1993年。

58. 韋伯（Weber, Max）著，簡惠美譯，《中國的宗教——儒教與道教》，台北：遠流出版社，1996年。

59. 韋政通主編，《中國哲學思想批判》，台北：水牛圖書公司，1992年。

60. 孫克寬，《元代漢文化之活動》，台北：台灣中華書局，1968年。

61. 孫廣德，《中國政治思想專題研究集》，台北：桂冠圖書公司，1999年。

62. 高明士，《中國教育制度史論》，台北：聯經出版事業公司，1999年。

63. 徐復觀著，蕭欣義編，《儒家政治思想與民主自由人權》，台北：台灣學生書局，1988年。

64. 徐復觀，《中國人性論史——先秦篇》，台北：台灣商務印書館，1999年。

65. 袁冀，《元史論叢》，台北：聯經出版事業公司，1978年。

66. 郭齊家，《中國教育思想史》，台北：五南圖書公司，1990年。

67. 黃清連，《元代戶計制度研究》，台北：國立台灣大學文學院，1977年。

68. 畢誠、程方平，《中國教育史》，台北：文津出版社，1996年。

69. 陳來，《朱熹哲學研究》，台北：文津出版社，1990 年。

70. 陳來，《宋明理學》，台北：洪葉文化公司，1993 年。

71. 陳正夫、何植靖，《許衡評傳》（中國思想家評傳叢書），南京：南京大學出版社，1995 年。

72. 陳喜忠，《中國元代經濟史》，北京：人民出版社，1994 年。

73. 陳垣，《元西域人華化考》，上海：上海古籍出版社，2000 年。

74. 陳俊民，《中國哲學研究論集》，台北：台灣商務印書館，1994 年。

75. 陳榮捷，《朱學論集》，台北：台灣學生書局，1988 年。

76. 陳榮捷，《中國哲學論集》，台北：中研院中國文哲所，1994 年。

77. 黃光國，《知識與行動：中國文化傳統的社會心理詮釋》，台北：心理出版社，1995 年。

78. 黃俊傑、劉岱總主編，《天道與人道》，台北：聯經出版事業公司，1982 年。

79. 殷鼎，《理解的命運》，台北：東大圖書公司，1994 年。

80. 許凡，《元代吏制研究》，北京：勞動人事出版社，1987 年。

81. 清華大學歷史所、行政院蒙藏委員會主辦，《蒙元史學術研討會論文集》，台北：中華民國讀書會發展協會，1999 年。

82. 勞思光，《新編中國哲學史》，台北：三民書局，1990 年。

83. 張立文，《宋明理學邏輯結構的演化》，台北：萬卷樓圖書公司，1993 年。

84. 張立文主編，《氣》（中國哲學範疇精粹叢書），台北：漢興出版社，1994 年。

85. 張立文主編，《理》（中國哲學範疇精粹叢書），台北：漢興出版社，1994 年。

86. 張立文主編，《道》（中國哲學範疇精粹叢書），台北：漢興出版社，1994 年。

87. 張立文，《中國哲學範疇發展史——天道篇》，台北：五南圖書公司，1996 年。

88. 張立文，《中國哲學範疇發展史——人道篇》，台北：五南圖書公司，1996 年。

89. 張岱年，《中國哲學大綱——中國哲學問題史》，北京：中國社會科學出版社，1982 年。

90. 張岱年，《中國倫理思想研究》，台北：貫雅文化事業公司，1991 年。

91. 張豈之，《中國儒學思想史》，台北：水牛圖書公司，1992 年。

92. 張德勝，《儒家倫理與秩序情結——中國思想的社會學詮釋》，台北：洪葉文化公司，1990 年。

93. 傅佩榮，《儒道天論發微》，台北：台灣學生書局，1988 年。

94. 曾昭旭，《道德與道德實踐》，台北：漢光出版社，1985 年。

95. 曾春海，《儒家的淑世哲學——治道與治術》，台北：文津出版社，1992 年。

96. 馮耀明，《中國哲學的方法論問題》，台北：允晨文化公司，1989 年。

97. 葛榮晉，《中國哲學範疇導論》，台北：萬卷樓出版社，1993 年。

98. 葛榮晉，《中國實學思想史》，北京：首都師範大學出版社，1994 年。

99. 楊承彬，《中國知行學說研究》，台北：台灣商務印書館，1978 年。

100. 楊訥、陳高華主編，《元代農民戰爭史料彙編》，北京：中華書局，1985 年。

101. 楊儒賓、黃俊傑編，《中國古代思維方式探索》，台北：正中書局，1996 年。

102. 楊晉龍主編，《元代經學國際研討會論文集》，台北：中研院文哲所籌備處，2000 年。

103. 楊慧傑，《天人關係論》，台北：水牛圖書公司，1986 年。

104. 楊樹藩，《元代中央政治制度》，台北：台灣商務印書館，1987 年。

105. 劉瀚平，《儒家心性與天道》，台北：商鼎文化，1997 年。

106. 蒙思明，《元代社會階級制度》，北京中華書局，1980 年。

107. 蒙培元，《理學的演變》，福州：福建人民出版社，1989 年。

108. 蒙培元，《中國心性論》，台北：台灣學生書局，1990 年。

109. 蒙培元，《中國哲學主體思維》，北京：東方出版社，1993 年。

110. 鄧克銘，《宋代理概念之開展》，台北：文津出版社，1993 年。

111. 箭內亙著，陳捷、陳清泉譯，《元代蒙漢色目待遇考》，台北：台灣商務印書館，1963 年。

112. 蔡仁厚，《儒家心性之學論要》（鵝湖學術叢刊），台北：文津出版社，1990 年。

113. 蔡元培，《中國倫理學史》（國學術經典文庫），北京：東方出版社，1996 年。

114. 樊和平，《中國倫理的精神》，台北：五南圖書公司，1995 年。

115. 錢穆，《朱子新學案》，台北：三民書局，1971 年。

116. 錢穆，《中國近三百年學術史》，台北：台灣商務印書館，1987 年。

117. 錢穆，《國史大綱》，台北：台灣商務印書館，1990 年。

118. 錢穆，《朱子學提綱》，台北：東大圖書公司，1991 年。

119. 錢穆，《中國學術思想史論叢》（四、五），台北：東大圖書公司，1991 年。

120. 錢穆，《宋代理學三書隨箚》，台北：東大圖書公司，1996 年。

121. 錢穆，《宋明理學概述》，台北：台灣學生書局，1996 年。

122. 錢穆等，《中國哲學思想論集》，台北：水牛圖書公司，1998 年。

123. 盧雪崑，《儒家的心性學與道德形上學》（鵝湖學術叢刊），台北：文津出版社，1991 年。

124. 蕭公權，《中國政治思想史》，台北：中國文化大學，1988 年。

125. 蕭啟慶，《元朝史新論》，台北：允晨文化公司，1999 年。

126. 蕭啟慶，《蒙元史新研》，台北：允晨文化公司，1994 年。

127. 蕭啟慶主持，《元代多族士人圈的形成》，國科會專案編號：NSC86-2411-H007-010，1998 年。

128. 蕭啟慶，《元代史新探》，台北：新文豐出版公司，1983 年。

129. 鍾彩鈞主編，《朱子學的開展》，台北：漢學研究中心，2002 年。

130. 韓儒林編，《元史論叢》（第二輯），北京：中華書局，1983 年。

131. 薩孟武，《中國政治思想史》，台北：三民書局，1989 年。

132. 羅旺扎布等編，《蒙古族古代戰爭史》，北京：民族出版社，1992 年。

133. 龔道運，《朱學論叢》，台北：文史哲出版社，1985 年。

134. 龔鵬程，《儒學反思錄》，台北：臺灣學生書局，2001 年。

（二）單篇論文

1. 丁崑健，〈元代許衡的教育思想〉，《華學月刊》第一三五期，1983 年。

2. 丁崑健，〈元世祖時代的儒學教育〉（上、下），《華學月刊》第一三六、一三七期，1983 年。

3. 丁崑健，〈元代游士之風〉，收入《蒙元史學術研討會論文集》，台北：中華民國讀書會發展學會，1999 年。

4. 于金生，〈元代的地方學官及其社會地位〉，《內蒙古社會科學》第三期，1993 年。

5. 毛子水，〈「治知在格物」：一句經文說解的略史〉，《輔仁學誌（文學院之部）》第十一期，1982 年。

6. 王明蓀，〈元代的儒吏之論與儒術緣飾吏治〉，《華學月刊》第一三九期，1983 年。

7. 王明蓀，〈略述元代朱學之盛〉，《中華文化復興月刊》第十六卷第十二期，1983 年。

8. 王明蓀，〈宋元時期的分裂、統一與正統〉，《歷史月刊》第五期，1988年。

9. 王忠閣，〈元初儒學與文學思潮〉，《信陽師範學院學報（哲學社會科學版）》第十五卷第四期，1995年。

10. 王甦，〈儒家的知行觀〉，《孔孟月刊》第二十二卷第十一期，1984年。

11. 王爾敏，〈近代中國思想研究及其問題之發掘〉，收入《中國哲學史方法論文選集》，台北：水牛圖書公司，1993年。

12. 朱嵐，〈儒家內聖外王學說簡論〉，《孔孟月刊》第三十四卷第七期，1996年。

13. 艾爾曼著，呂妙芬譯，〈南宋至明初科舉科目變遷及元朝在經學歷史的角色〉，收入《元代經學國際研討會論文集》，台北：中央研究院中國文哲所籌備處，2000年。

14. 余英時，〈道統與政統之間〉，《中國文化月刊》第六十期，1984年。

15. 狄百瑞著，施寄錦譯，〈元代新儒家正統思想的興起〉（上、中、下），《思與言》第二十一卷第一、二、三期，1983年。

16. 邱樹森、王頲，〈元代戶口問題芻議〉，收入《元史論叢》第二輯，北京：中華書局，1983年。

17. 李涵，〈蒙古前期的斷事官、必闍赤、中書省和燕京行省〉，收入《元史論集》，南京：人民出版社，1984年。

18. 李景旺，〈論許衡〉，《新鄉高等師範專科學校學報》第十五卷第二期，2001年。

19. 林安梧，〈三論「道的錯置」──中國政治哲學的根本問題〉，《鵝湖》第二十三卷第九期，1998年。

20. 林安梧，〈「以理殺人」與道德教化──環繞戴東原對於朱子哲學的批評而展開對於道德教育的一些理解和檢討〉，《鵝湖學誌》第十期，1993年。

21. 到何之，〈關於金末元初的漢人地主武裝問題〉，收入《元史論集》，南京：人民出版社，1984年。

22. 周良宵，〈元代投下分封制度初探〉，收入《元史論叢》第二輯，北京：中華書局，1983年。

23. 周良宵，〈李壇之亂與元初政治〉，收入《元史論集》，南京：人民出版社，1984年。

24. 周良宵，〈元代皇權與相權〉，收入《蒙元史學術研討會論文集》，台北：中華民國讀書會發展學會，1999年。

25. 姚大力，〈金末元初理學在北方的傳播〉，收入《元史論叢》第二輯，北京：中華書局，1983年。

26. 胡其德，〈蒙古碑刻文獻所見統治者的宗教觀念與政策〉，收入《蒙元史學術研討會論文集》，台北：中華民國讀書會發展學會，1999 年。

27. 洪金富，〈從投下分封制度看元朝政權的性質〉，《中央研究院歷史語言研究所集刊》第五十八本第四分，1987 年。

28. 袁國藩，〈元許魯齋風範之評述〉，《國立編譯館館刊》第一卷第一期，1971 年。

29. 唐君毅，〈陽明學與朱子學〉，收入《中國哲學思想論集——宋明篇》，台北：水牛圖書公司，1991 年。

30. 徐復觀，〈研究中國思想史的方法與態度問題〉，收入《中國哲學史方法論文選集》，台北：水牛圖書公司，1993 年。

31. 孫劍秋，〈從〈讀易私言〉看許衡的處世之道〉，《中華學苑》第四十三期，1993 年。

32. 夏傳才，〈元代經學的社會歷史背景和程朱之學的發展〉，《貴州文史叢刊》第四期，1999 年。

33. 徐子方，〈與道共進退——許衡及其心態〉，《南通師範學院學報（哲學社會科學版）》第十七卷第一期，2001 年。

34. 黃俊傑，〈儒學傳統中道德政治觀念的形成與發展〉，《中山學術論叢》第三期，1982 年。

35. 黃俊傑，〈東亞儒學史研究的新視野：儒家詮釋學芻議〉，《台大文史哲學報》第五十三期，2000 年。

36. 崔永東，〈孔學的經世風格及其對中國知識份子的影響〉，《中國文化月刊》第一二六期，1990 年。

37. 康中乾，〈論宋明理學的邏輯發展〉，《人文雜誌》第二期，1994 年。

38. 許總，〈論宋明理學形成及其歷史必然性〉，《齊魯學刊》總一五八期，2000 年。

39. 張灝，〈超越意識與幽暗意識——儒家內聖外王思想之再認與反省〉（上、下），《歷史月刊》第十三、十四期，1989 年。

40. 張家成、李班，〈論宋明理學的道德修養途徑與方法〉，《浙江大學學報》第十一卷第三期，1997 年。

41. 曾昭旭，〈朱子、陽明與船山格物義〉，《鵝湖》第五卷第六期，1979 年。

42. 曾昭旭，〈論知識與德行的相契之道〉，《國立中央大學人文學報》第五期，1987 年。

43. 曾昭旭，〈論儒家工夫論的轉向——從王陽明到王船山〉，《鵝湖》第十七卷第五期，1991 年。

44. 楊祖漢，〈退溪與朱子持敬工夫論之涵義〉，《鵝湖》第二十一卷第十期，1996 年。

45. 馮耀明，〈儒學的理性重建與典範轉移〉，《人文中國學報》第五期，1996 年。

46. 福田殖著，金培懿譯，〈關於許衡〉，《中國文哲研究通訊》第八卷第二期，1998 年。

47. 葉愛欣，〈中州文士對元代儒學的貢獻〉，《殷都學報》第二期，2000 年。

48. 劉述先著，黎登鑫譯，〈論儒家內聖外王之理想〉，《哲學與文化》第十五卷第二期，1988 年。

49. 劉君燦，〈關聯與和諧──影響科技發展的思想因素〉，收入《中國文化新論·科技篇·格物與成器》，台北：聯經出版社，1991 年。

50. 鄭素春，〈元代全真教主與朝廷的關係收入〉，《蒙元史學術研討會論文集》，台北：中華民國讀書會發展學會，1999 年。

51. 蔡仁厚，〈陸王一系人性論之省察──「本心即性」下的道德實踐之工夫與境界〉，《鵝湖學誌》第二期，1988 年。

52. 魏崇武，〈趙復在北方傳播理學的意義和貢獻〉，《殷都學刊》第二期，1995 年。

53. 羅光，〈許衡的哲學思想〉，《輔仁學誌（文學院之部）》第九期，1980 年。